Fühlen ist klüger als Denken!

Kurt Zyprian Hörmann:
Fühlen ist klüger als Denken!
Projektmanagement: Marianne Nentwig

info@j-kamphausen.de

Lektorat: Stephanie Ehrenschwendner
Umschlaggestaltung/Satz: Wilfried Klei
Cover-Foto: Aniela Adams,
www.adams-photography.de
Druck & Verarbeitung:
Westermann Druck Zwickau GmbH

www.weltinnenraum.de

5. Auflage 2014

Bibliografische Information der Deutschen Nationalbibliothek
Die Deutsche Nationalbibliothek verzeichnet diese
Publikation in der Deutschen Nationalbibliografie;
detaillierte bibliografische Daten sind im Internet
über **http://dnb.d-nb.de** abrufbar.

ISBN Print 978-3-89901-421-1
ISBN E-Book 978-3-89901-569-0

Dieses Buch wurde auf 100% Altpapier gedruckt und ist alterungsbeständig. Weitere Informationen hierzu finden Sie unter
www.weltinnenraum.de

Kurt Zyprian
Hörmann

Mit Intuition
die richtigen
Entscheidungen
treffen

Fühlen ist klüger als Denken!

Für meine Eltern und

meine Töchter Vanessa und Amelie

Obwohl ich im ganzen Buch, der Einfachheit halber, nur die männliche Ansprache gewählt habe, möchte ich natürlich auch alle Leserinnen damit ansprechen und wertschätzen.

8 Einleitung

Teil 1:

13 **WIEDER FÜHLEN LERNEN**

14 Denken Sie noch oder fühlen Sie schon?
23 Das morphische Feld – die Quelle der Intuition
34 Die eigene Wahrheit wiederentdecken
41 Das Feld liebt dich
50 Erdung – der Schlüssel zum morphischen Feld
54 Die Erdungsübung
60 Hilfestellung beim Erden

Teil 2:

63 **DEN ZUGANG ZUM MORPHISCHEN FELD ERÖFFNEN**

64 Verbindung zum Feld aufnehmen
74 Was passiert, wenn ich im Feld bin?
93 Die häufigsten Fragen rund ums morphische Feld
110 Stolpersteine im morphischen Feld
113 Fühlen und nichts als Fühlen
116 Lesen Light

Teil 3:

119 **IM MOPRHISCHEN FELD LEBEN**

120 Eine Reise zu sich selbst
131 Das Ungleichgewicht wieder in Ordnung bringen
134 Das Ungeliebte integrieren
142 Die MFL Herzintegration
146 Tun Sie sich selbst etwas Gutes!
165 MFL lernen – leben – zelebrieren

183 Weiterführende Literatur
187 Über den Autor

Einleitung

„Wenn du die Veränderung nicht willst, lass die Finger von dieser Arbeit."

Man kann jedes Mal eine Stecknadel fallen hören, wenn ich während eines Einführungsabends über die Arbeit mit dem morphischen Feld spreche, wie kraftvoll und schön wir Menschen sind, wenn wir uns nur daran erinnern. Es ist plötzlich mucksmäuschenstill, denn alle im Raum verstehen sofort mit dem Herzen, wovon ich spreche. Ohne jegliche Anstrengung fühlen sie genau das – und meistens auch, wie lange sie diese Schönheit schon vermissen. Das ist für mich immer wieder ein sehr berührender Augenblick in meiner Arbeit. Es erfüllt mich mit großer Dankbarkeit, die Menschen in ihren Herzen berühren und sie an ihre eigene Schönheit und Größe erinnern zu dürfen.

Genau das ist auch der Grund, warum dieses Buch entstanden ist. Es geht um Sie: Ihre Schönheit, Ihre Wahrhaftigkeit, Ihre Größe, Ihr Talent und Ihre wahren Gefühle. Der Schlüssel dazu ist, wie der Titel schon verrät, das Fühlen. Und genau die Gefühle sind auch das gefährliche an diesem Buch. Denn sie lassen sich scheinbar nur schwer kontrollieren – zumindest nicht mit dem Kopf bzw. dem Verstand. Darum geht es auch gar nicht. Ich möchte Ihnen die wundervolle Welt des Fühlens und der Intuition ganz praktisch näher bringen. Ihre Innenwelt ist so unglaublich reich, voller Liebe und unfassbar großartig. Unser

Denken hingegen ist, wie ein Computer, auf die Parameter 0 und 1 reduziert. Damit lässt sich sehr viel im Leben bewerkstelligen, aber eben nicht alles.

Das Leben ist einfach, nur unser Denken macht es so kompliziert. Dieser Satz ist nicht so leichtfertig dahingeschrieben, wie es Ihnen vielleicht erscheinen mag. Mir geht es aber darum, Sie mit diesem Versprechen im Herzen zu berühren. Ich wünsche mir, dass Sie tief drin fühlen und spüren, welche Erleichterung Ihnen diese Aussicht verschafft. Dieses Versprechen wird Realität, wenn wir mit allen Sinnen leben. Dann spüren wir, dass das Leben in jedem Moment das Beste für uns will, auch wenn es sich nicht immer gleich so anfühlen mag.

Jetzt denken Sie vielleicht, dass das ganz schön große Worte sind, und fragen sich, wie das zu schaffen sein soll. Es ist ganz simpel! Vor Jahren habe ich eine Methode entwickelt, mit der wir unserer Intuition folgen können: Morphisches Feld Lesen oder auch MFL genannt. Mit Hilfe des morphischen Feldes erhalten Sie ungefiltert Informationen, die Ihnen eine wertvolle Entscheidungs- und Entwicklungshilfe bieten. MFL ermöglicht Ihnen einen unmittelbaren Zugang zu sich selbst und zu Ihrer Innenwelt.

Im Verlauf des Buches werde ich Ihnen diese Methode vorstellen sowie deren Möglichkeiten und Vorteile erklären. Sie erhalten ausreichend Einblick, um Ihre Intuition besser nutzen zu können. Jeder kann diese Methode lernen und anwenden, weil jeder durch seine Intuition bereits über einen Zugang zum morphischen Feld verfügt, der meistens nur verschüttet ist. Dennoch möchte ich Ihnen schon an dieser Stelle raten, sich professionelle Begleitung zu holen, wenn Sie tiefer in die Methode einsteigen und damit arbeiten wollen. Ich freue mich, Ihnen diesen Einblick in die Methode zu geben, mit der Sie sich und Ihr Potenzial entwickeln können. Ich möchte aber nicht, dass Sie sich damit schaden oder die Methode aufgrund mangelnder Erfahrung nicht voll ausschöpfen können. Wenn Sie sich auf eine Urwald-Expedition begeben, werden Sie zwar eine Karte dabei haben, ein versierter Führer wird Ihnen aber ein weit größeres Vertrauen in eine sichere Rückkehr geben.

Wenn Sie beginnen, sich über die Methode MFL mit dem morphischen Feld zu verbinden, werden Sie völlig neue Empfindungen haben und ganz neue Erfahrungen machen, die anders sind als alles, was Sie im Alltag bisher erlebt haben. Sie werden sich energetisch mit der Erde und dem Universum verbinden und zu einem inneren Wissen gelangen, das Ihren bisherigen Horizont bei weitem übersteigen wird. „Wenn du die Veränderung nicht willst, lass die Finger von dieser Arbeit!“, lautet die Überschrift dieser Einleitung. Diesen Satz meine ich ganz ernst, weil Sie durch die Arbeit mit dem morphischen Feld unausweichlich große Veränderungen erleben werden. Deshalb sage ich es Ihnen lieber gleich zu Anfang: Sollten Sie das nicht wollen, wäre es vielleicht besser, dieses Buch gleich wieder wegzulegen. Ich möchte nämlich nicht, dass es Ihnen so geht wie einer Teilnehmerin in einem meiner Workshops. Als wir nach ein paar Tagen intensiven Übens der Methode MFL auf ihr Problem stießen, ständig für alle anderen da sein zu wollen und sich dabei selbst völlig zu vergessen, kamen so viele Emotionen hoch, dass sie schließlich reklamierte: „Das habe ich nicht gebucht! Ich wollte nur eine Methode lernen!“ Und trotzdem war sie froh und dankbar, endlich ihre „Büchse der Pandora“ geöffnet und dabei einen Schatz entdeckt zu haben.

Der Weg zum Glücklichsein führt über die Selbsterkenntnis. Wie das mit Hilfe von MFL funktioniert, erfahren Sie in diesem Buch. Der erste Teil führt Sie wieder zurück zu Ihrem großen Schatz, dem Fühlen. Sie lernen mit ein paar einfachen Übungen, sich wieder mit Ihren eigenen Gefühlen zu verbinden und darüber zu Ihrer Intuition, dem „Ass in Ihrem Ärmel", zu gelangen. Damit offenbart sich bereits das morphische Feld, zu dem Sie bereits den Zugang öffnen, wenn Sie sich erden.

Im zweiten Teil begeben wir uns dann tatsächlich ins morphische Feld. Sie erfahren, wie Sie Verbindung aufnehmen und was passiert, wenn Sie sich im Feld befinden. Am Ende können Sie mit „Lesen Light" erste Schritte machen, um die richtigen Entscheidungen aus dem Bauch heraus zu treffen.

Im dritten und letzten Teil des Buches geht es um die Möglichkeiten, die Ihnen die Methode im Alltag bietet, gleichgültig, ob es um Ihr Privatleben oder um Ihren Beruf geht. Denn: MFL ist mehr als nur eine Methode, nämlich eine spannende Reise zu sich selbst. Sie können im Verlauf der Arbeit mit den Informationen aus dem morphischen Feld nahezu alle Bereiche Ihres Lebens verändern, mit denen Sie unglücklich sind oder in denen Sie mehr bei sich selbst sein wollen. Damit dies gelingt, stelle ich Ihnen ein weiteres Werkzeug innerhalb der Methodik vor: die Herzintegration. Feiern und zelebrieren Sie Ihr Leben als das, was es ist: Ein großes Fest! Das Leben ist einfach, nur Ihr Denken macht es so kompliziert.

Die wunderbare Resonanz auf die ersten Auflagen des Buches hat mich sehr berührt. Viele Leser haben sich in den Ausführungen wiedergefunden. Sie sind so dankbar, denn sie haben erfahren, dass das, was sie wahrnehmen und fühlen, eben doch ganz normal ist und sie damit keinesfalls allein sind. Es liegt mir daher am Herzen, mit Ihnen – meinen Lesern – noch unmittelbarer in Kontakt treten zu können, damit Sie die Inhalte meiner Arbeit praktisch erleben können. Am Ende des Buches finden Sie verschiedene Möglichkeiten, um mit mir und meinem Team persönlich in Kontakt zu treten.

Teil 1:

Wieder fühlen lernen

Denken Sie noch oder fühlen Sie schon?

Gehören Sie vielleicht auch zu den Menschen, die es in ihrem Leben sehr weit gebracht haben? Sie haben eine nette Familie, eine schöne Wohnung oder ein Haus, Ihre Karriere kann sich sehen lassen, in der Garage steht ein schickes Auto oder sogar zwei und mehrmals im Jahr in den Urlaub zu fahren ist auch kein Problem. Doch wenn Sie so auf Ihre Erfolge blicken, wird Ihnen vielleicht bewusst, wie anstrengend das alles war und wie viel Sie zugleich entbehren mussten. Die Anstrengung war Ihr größter Freund.

Trotz aller Erfolge sind viele Menschen nicht richtig erfüllt, denn eins fehlt ihnen noch in ihrem Portfolio – glücklich zu sein. Ich meine nicht das vordergründige Gerede, nach dem Motto „Es geht mir gut“. Wovon ich spreche, ist ein Glücksgefühl, das in Ihrem Bauch Glücksblasen aufsteigen lässt, die wie Brausepulver kribbeln.

Sie können sich nicht mehr erinnern, wann Sie sich das letzte Mal so fühlten? Sie sind zu beschäftigt, um im Alltag diesem Glücksgefühl gerecht zu werden? Dann gehören Sie vermutlich zu der Kategorie Mensch, der lieber denkt als fühlt. Ganz schön frech, werden Sie jetzt vielleicht denken, so will ich aber nicht katalogisiert werden. Das verstehe ich gut. Aber für den Fall, dass Sie sich dennoch in der oben genannten Kategorie erkennen, sollten wir darüber reden. Um wieder ein echtes Gefühl der Erfüllung zu erleben, müssen wir nämlich erst einmal unsere Gefühle zulassen und vor allem spüren.

Auch das werden Sie vermutlich kennen: Wir schauen die meiste Zeit nur auf die Teile von uns, die uns nicht gefallen. Würde ich Sie beispielsweise fragen, „Was gefällt Ihnen nicht an sich selbst?“, käme die Antwort vermutlich sofort wie aus der Pistole geschossen: „Ich bin zu dick, zu dünn oder zu sonst was.“ Stelle ich aber die Frage, „Was lieben Sie an sich?“, dann rätseln Sie möglicherweise erst mal und müssen richtig nachdenken, was das denn sein könnte. Wir haben jede Menge Übung darin, mit dem Anstrengenden, Hässlichen, Schwierigen usw. umzugehen, aber keine, es uns im Leben leicht und schön zu machen.

Dieses Phänomen und die daraus entstehenden Folgen beschäftigten mich immer wieder. Es betraf mich selbst einmal genauso. In der Schule sagte mir eine Ärztin bei einer turnusmäßigen Untersuchung, dass ich zwar kerngesund sei, jedoch aufpassen müsse, nicht zu dick zu werden. Von da an hatte ich immer Stress, wenn ich zum Beispiel beim Duschen nach dem Turnunterricht mein T-Shirt ausziehen sollte. Diese Hypothek trug ich viele, viele Jahre mit mir herum. Bei einem Einführungsabend zu MFL erinnerte ich mich erneut daran, als eine Teilnehmerin mir eine Frage zum Thema Körperwahrnehmung stellte. Ich machte mich deshalb auf den Weg, dies zu ergründen. Ich stellte mir viele Fragen, um herauszufinden, woher die negative Sichtweise kam. Je tiefer ich mich darauf einließ, umso mehr tauchten hinter der eigenen Ablehnung und ständigen Bewertung die Themen Aufmerksamkeit, Fühlen und Intuition auf. Ich stieß immer wieder an scheinbar unüberwindbare Grenzen. Doch mit jeder weiteren Frage an das morphische Feld wurde mir klarer, dass man sich die Wahrnehmung der eigenen Schönheit und Größe weder denken noch vorstellen kann.

Es gilt deshalb, das Augenmerk wieder auf das Fühlen zu richten. Doch langsam. Ist Fühlen nicht völlig out? Sind die scheinbar unkontrollierbaren Gefühle nicht hinderlich? Ist das Denken nicht ein verlässlicherer Partner als das Gefühl?

Wir denken nur, dass wir fühlen

Stellen Sie sich vor, Sie sind im Restaurant und halten die Speisekarte in der Hand. Schon beim Lesen der Karte glauben Sie zu wissen, wie die aufgeführten Gerichte schmecken werden, und das, obwohl Sie noch keinen Bissen davon probiert haben. Ihre Vorstellung von den präsentierten Speisen ist so stark, dass Sie tatsächlich glauben, sie zu schmecken. Doch wie sie wirklich schmecken, wissen Sie erst, wenn Sie etwas davon serviert bekommen und essen. Vielleicht ist, was Sie auswählen, an diesem Tag versalzen oder ganz besonders schmackhaft, weil der Koch einen guten Tag hat. Ein Blick in die Speisekarte reicht dafür nicht aus.

Natürlich wissen wir aus unseren Erinnerungen und Erfahrungen, wie eine Kartoffel schmeckt bzw. zu schmecken hat. Wir denken dabei an das Gefühl (= denken zu fühlen), das wir einst hatten, als wir Kartoffeln aßen. Aber wie die schmecken, die wir heute im Restaurant bekommen, das wissen wir erst, wenn wir einen Bissen davon probieren und den Geschmack erleben.

Im Alltag ist der Großteil unserer Aufmerksamkeit gebunden, weil unsere visuellen Sinne der permanenten Reizüberflutung, die in unserem Medienzeitalter durch Fernsehen, Internet, Handy, Laptop etc. herrscht, ausgesetzt sind. Da bleibt für die anderen Sinne nicht mehr viel Raum übrig. Das Ergebnis: Es fehlt die Energie und die Aufmerksamkeit, uns auch noch ums Fühlen zu kümmern. Die meisten Menschen antworten auf die Frage „Wie fühlst du dich?" erst mal "Gut". Wenn ich dann weiterfrage, was das heißen würde, kommt meistens nichts mehr oder sogar

Unverständnis, weil mein Gegenüber nicht weiß, was ich von ihm will. Dann kann ich förmlich die Gedanken kreisen sehen, doch leider in die falsche Richtung. Der Gefragte findet keinen richtigen Zugang zu seinem Gespür und zu seinen Gefühlen. Dabei wäre das so einfach. Wir müssten uns nur wieder auf unseren Bauch konzentrieren, denn echtes Fühlen findet seinen Ursprung in unseren Bauch.

Die meisten Menschen haben allerdings ihren Kontakt zu den Bauchgefühlen vernachlässigt, weil sie ihr ganzes Vertrauen ins Denken setzen. Aber warum fällt es uns dennoch schwer, richtungweisende Entscheidungen zu treffen, selbst wenn die Fakten klar auf der Hand liegen? Warum können wir uns trotzdem oft nicht entscheiden?

Es fehlt das Bauchgefühl. Selbst wenn unser Bauch gegen das rebelliert, was der Kopf vorhat, schaffen es viele Menschen nicht mehr, dies wahrzunehmen, geschweige denn zu deuten und umzusetzen. Sie kommen gar nicht auf die Idee, dass auch das Bauchgefühl hilfreiche Hinweise für anstehende Entscheidungen liefert.

Wieder fühlen lernen: Die Energie folgt der Aufmerksamkeit

Es gibt eine einfache Übung, um wieder Kontakt zu sich selbst aufzubauen. Legen Sie einfach einmal eine Hand auf Ihren Bauch oder Ihr Herz – schon machen Sie den ersten Schritt zum Fühlen. Nehmen Sie nun wahr, was passiert. Da ist Ihre Hand, die vermutlich auf Stoff liegt. Nehmen Sie wahr, wie sich der Stoff anfühlt. Gehen Sie mit Ihrer ganzen Aufmerksamkeit tief in Ihre Hand. Seien Sie Ihre Hand. Wie fühlt sie sich von innen an? Wie fühlt sie sich von außen an? Spüren Sie, welches Gefühl für

Ihre Hand entsteht. Lassen Sie sich Zeit. Sie werden noch mehr bemerken, beispielsweise die Wärme, den Pulsschlag, vielleicht sogar Ihre Haut unter dem Stoff. Sie können noch tiefer gehen und Ihr Herz spüren. Wenn Sie das alles wahrnehmen, dann sind Sie gerade bei sich angekommen. Genießen Sie dieses Gefühl und lassen Sie sich wirklich Zeit! Es ist eigentlich ganz einfach: Das einzige, was Sie gerade gemacht haben, ist, die Hand auf Ihr Herz zu legen und aufmerksam zu spüren, was da alles geschieht. Was sonst um Sie herum passiert, zählt augenblicklich nicht. Wenn Sie diese Übung mehrmals täglich machen, kommen Sie immer schneller und leichter mit sich in Kontakt. Nach einer Weile stellen sich noch tiefere Empfindungen ein, wie Dankbarkeit und Liebe.

Wissen Sie, was Sie in der Übung gerade gemacht haben? Sie sind zum Fühlen zurückgekehrt, und das mit Hilfe von Aufmerksamkeit. Ihre Aufmerksamkeit führte Sie gerade in Ihre Hand. Machen wir eine kleine Exkursion: Wir Menschen tragen zwei große Kräfte in uns. Die erste ist die Sexualität, denn sie kann Leben schaffen. Die zweite große Kraft ist unsere Absicht, weil wir mit ihr manifestieren können. Oder einfacher gesagt: Jeder Tat geht ein Gedanke – eine Absicht – voraus. Das funktioniert, weil unsere Energie diesen Absichten folgt und sie dadurch lenkt.

Doch wieder zurück zu Ihrer Hand. Was Sie vielleicht noch nicht wahrgenommen haben: Gleichzeitig mit der Aufmerksamkeit floss tatsächlich auch Ihre Energie dorthin. Aufmerksamkeit lenkt Energie! Gleichgültig, worauf jemand seine Absicht richtet, dahin fließt die völlig neutrale Energie.

Und wo die Energie hingeht, da kann etwas wachsen. Wenn Sie also wieder intensiver fühlen wollen, besteht der Bedarf, die Aufmerksamkeit – sprich die Energie – wieder auf diesen Bereich zu richten. Das lässt sich natürlich auch auf alle anderen Lebensbereiche übertragen und anwenden.

Innehalten und fühlen

Natürlich braucht es dazu mindestens einen kurzen Moment Zeit. Zeit, die wir scheinbar nicht haben, da wir ständig getrieben sind, dies oder jenes noch schnell zu erledigen. Kommen Sie mit auf einen kleinen Ausflug in den Süden, ans Meer, wo die Sonne immer scheint. Ist es nicht erstaunlich, wie viel Zeit die Menschen in südlichen Ländern scheinbar haben? Das mag zum Teil an der Hitze liegen, die sie zwingt, sich Zeit zu lassen, die Dinge langsam zu machen, weil man untertags, in praller Sonne, einfach nicht „schnell" was erledigen kann. Deshalb leben die Menschen in südlichen Ländern weit mehr mit dem Tagesrhythmus und im Einklang mit der Natur. Das ist für sie lebensnotwendig.

In unseren kühleren Gefilden mag das nicht zwingend sein, doch worum es mir geht, ist, sich Zeit zu nehmen im Alltag. Wenn Sie im Schweinsgalopp durchs Leben rennen, können Sie nicht wahrnehmen, was um Sie herum passiert. Oder anders gesagt: Wenn Sie auf der Autobahn fahren, bekommen sie von der schönen Landschaft nicht viel mit. Da müssen Sie schon die Landstraßen nehmen.

Um wieder in Ihren Lebens- und Tagesrhythmus zu kommen, braucht es Zeit, um innehalten und fühlen zu können. Nehmen Sie sich deshalb jetzt einen Moment Zeit und fühlen Sie, wie entspannt allein das Gefühl wäre, mehr Zeit zu haben. Nicht getrieben zu sein, sondern Ihre Arbeit und alles, was Sie zu erledigen haben, in Ruhe tun zu können, ohne sich dabei in Hektik und Stress zu verlieren. Und es geht noch weiter: Zeit für sich und für die eigenen Interessen zu finden. Erinnern Sie sich, was

Ihnen Freude macht, was Sie vielleicht schon lange nicht mehr gemacht haben? Schließen Sie einfach die Augen, lassen Sie sich einen Moment Zeit und fühlen Sie, was allein diese Vorstellung in Ihnen auslöst. Wenn es Ihnen hilft, nehmen Sie das Bild von Sonne und Meer zu Hilfe.

Beginnen Sie am besten gleich jetzt damit und seien Sie geduldig mit sich, wenn es am Anfang nicht gleich funktioniert. Vielleicht ist es überhaupt das erste Mal, dass Sie sich Zeit nehmen, für sich selbst da zu sein und zu fühlen. Genießen Sie und zelebrieren Sie diese Momente, Sie schulen damit gleichzeitig Ihre Wahrnehmung.

Erinnern Sie sich noch, als Sie Ihre erste große Liebe trafen? In Sekundenbruchteilen haben wir ein (Bauch-)Gefühl, wenn wir einem anderen Menschen das erste Mal begegnen. Wir „wissen" sofort, ob uns diese Frau/dieser Mann wohlgesonnen ist. Vielleicht sind wir einen kurzen Moment sogar wie elektrisiert, weil wir den Impuls so intensiv wahrnehmen – seine Signale jedoch gleich wieder ignorieren.

Warum? Nun, diese intuitive Klarheit bleibt häufig in unseren Filtern hängen. Diese Filter bestehen aus einem Netz aus persönlichen Erinnerungen, Bewertungen, Erfahrungen, Ängsten, Unsicherheiten, Überzeugungen, Glaubenssätzen und Verhaltensmustern, die uns gefangen halten. Wir werden misstrauisch und hegen Befürchtungen, welcher Art auch immer. Wir beginnen nach Details zu suchen, die unsere Filter bestätigen, anstatt diesem Menschen mit offenem Herzen zu begegnen und uns auf die Begegnung einzulassen – dem eigenen Gefühl folgend, der inneren Stimme vertrauend.

Der Intuition vertrauen

Der Physiker und Nobelpreisträger Albert Einstein soll einmal gesagt haben: „Die Intuition ist ein göttliches Geschenk, der denkende Verstand ein treuer Diener. Es ist paradox, dass wir den Diener verehren und die göttliche Gabe entweihen."

Stellen Sie sich vor, wie Sie ein kleiner, feiner Impuls berührt; wie eine innere Stimme in Ihnen summt; wie sich Ihre Nackenhaare sträuben – weil Sie ganz einfach etwas wissen. Sie kennen die Antwort, da macht Ihnen keiner etwas vor. Sie haben absolute Gewissheit, ohne jeden Zweifel. Das ist Intuition. Den Zugang dazu haben Sie bereits während der ersten Fühl-Übung gefunden. Es geht genau so: Fühlen öffnet den Zugang zur Intuition. Je mehr Sie Ihren Gefühlen vertrauen lernen, um so leichter werden Sie Ihrer Intuition folgen können.

Der Duden beschreibt Intuition als „unmittelbare Anschauung" und leitet das Wort aus den lateinischen „intuitio" bzw. „intueri" (ansehen, betrachten) ab; „das unmittelbare, nicht diskursive, nicht auf Reflexion beruhende Erkennen bzw. Erfassen eines Sachverhalts oder eines komplizierten Vorgangs".

Diese Definition trifft meines Erachtens den Begriff schon ganz gut, erfasst aber nicht den Kern, nämlich die Verbindung zum morphischen Feld. Im morphischen Feld finden Sie das allumfassende Wissen und die Verbundenheit aller Lebewesen und Dinge, und wie maßgeblich es sich auf alles auswirkt.

Sie wollen wieder mit sich in Kontakt kommen und fühlen? Sie wollen Ihre wahren Bedürfnisse und damit sich selbst besser kennen? Eine der effizientesten Methoden, um genau da wieder hinzukommen, also sich wieder zu spüren, zu vertrauen und den eigenen Selbstwert zu erleben, ist MFL (Morphisches Feld Lesen). MFL bedeutet nicht, völlig rührselig und hochemotional zu werden, sondern wieder Kontakt zu unserem Körper und damit auch zu unseren Gefühlen aufzunehmen. Der Schlüssel dazu heißt, Vertrauen aufbauen. Vertrauen, dass das, was Sie wahrnehmen, tatsächlich stimmt – und zwar für Sie selbst. Das muss nicht für alle anderen gelten. Es geht nur um Sie. Dazu bedarf es nicht viel, sondern nur aufmerksam geschehen zu lassen und wieder wahrzunehmen, was bestimmte Lebenssituationen mit uns machen. Es ist so einfach, wie es klingt. Nehmen Sie wahr, was um Sie herum geschieht.

Das morphische Feld – die Quelle der Intuition

Starten wir an der Quelle der Intuition. Wenn wir das Wort Intuition von seinem Ursprung her betrachten, so kommen wir zurück auf unsere bereits bekannten Größen: Empfinden, Gefühl, Gespür, Inneres, innere Stimme, Instinkt oder Bauch. Wir kommen aber auch zu den diesem Begriff sehr nahestehenden Umschreibungen wie Ahnung, Anwandlung, Erleuchtung, Idee, (plötzliche) Erkenntnis, Eingebung und – Impuls. Mit Blick auf MFL treffen wir an dieser Stelle eine kleine, feine Unterscheidung: Die Methode MFL schließt äußere Impulse kategorisch aus. Damit meine ich den Antrieb oder Anstoß von außen, wie beispielsweise alles, was ein Mensch in seinem Leben bisher erlernt oder erfahren hat. MFL konzentriert sich ausschließlich auf die als innere Impulse wahrgenommenen Informationen aus dem Feld, und die sind rein und klar.

Das erste, was beim Fühlen– in welcher Form auch immer – kommt, ist die Antwort, respektive Ihre Wahrheit. Was danach auf diesen feinen Impuls folgt, entspringt bereits unserem Kopfkino. Das ist die wichtigste Regel, wenn es um Ihr Bauchgefühl bzw. Ihre Intuition geht. Beschönigen Sie beim Fühlen also nichts, lassen Sie nichts weg, fügen Sie nichts hinzu: Die eigene Wahrheit ist einmalig und sehr persönlich. Wenn sich zwei Menschen eine Blume anschauen, wird jeder ihre Farbe anders beschreiben. Und dazu muss einer der beiden noch nicht einmal farbenblind sein. Wenn Sie Informationen aus dem morphischen Feld erhalten, sind diese neutral und absolut frei von Ihren Vorstellungen oder

Meinungen. Auch Ihnen steht es völlig frei, damit zu machen, was Sie wollen.

Die Natur hat ein Gedächtnis

Der Begriff „morphische Felder“ hat seinen Ursprung in der Biologie, basierend vor allem auf den Erkenntnissen des britischen Wissenschaftlers Rupert Sheldrake. Morphische Felder werden auch als Urwissen des Universums bezeichnet. Es handelt sich um alle in unserer Umwelt gespeicherten Informationen. Was auch immer ein Lebewesen macht oder denkt, wird in den morphischen Feldern hinterlegt. Sie steuern unsere Intuition und sind für jeden einzelnen leicht zugänglich. Alles steht durch die morphischen Felder miteinander in Verbindung. Die Wirkung dieser Felder erstreckt sich über Zeit und Raum hinweg. Deshalb können wir auch alte Informationen abrufen, die beispielsweise unsere Vorfahren betreffen. Dies macht sich die systemisch-therapeutische Arbeit und das Familienstellen zunutze. Das sogenannte alte Wissen zu Medizin, Gesundheit, Lebenssinn, Tod, Wiedergeburt und Naturgesetzen ist nicht verloren. Es existiert nach wie vor, abgespeichert in den morphischen Feldern. Wir verfügen auch noch über einen Zugang zu diesem Wissen, jedoch nicht über unseren Intellekt, sondern auf die Art und Weise, wie es uns die Natur vormacht – über unsere Intuition. So lässt sich erklären, warum der Einblick in frühere Inkarnationen möglich ist, woher manche Menschen wissen, welches Kraut gegen welches Leiden hilft, weshalb bestimmte Symbole oder Legenden in allen Kulturen der Erde auftreten oder dass Mütter aus sich heraus am besten wissen, was ihre Kinder brauchen.

Auf der Suche nach den wissenschaftlichen Erklärungen für dieses Phänomen stieß ich auf einen deutschen Wissenschaftler.

Die Anfänge zum „Feld-Gedanken" stammen nämlich von dem deutschen Biologen und Naturphilosophen Hans Driesch (1867–1941). Er widerlegte die damals gängigen Annahmen über die Struktur und die zeitliche Entwicklung des Embryos. Damit war bewiesen, dass nicht nur der DNA-Code den Bauplan einer Zelle bestimmt, sondern aus dem morphogenetischen Feld (einem Teil des morphischen Feldes, zuständig für die evolutionäre Entwicklung) abgerufen wird.

Der bekannteste Vertreter der Feldtheorie ist, wie schon erwähnt, Rupert Sheldrake. Er sorgte mit der inzwischen weltweit diskutierten Theorie der morphischen Felder für Aufsehen, weil er die gängigen Muster der Naturwissenschaften in Frage stellte, und obendrein der Parapsychologie neue Denkanstöße gab. Im Mittelpunkt seiner Überlegungen steht die Frage, wie Tiere und Pflanzen eigentlich ihre Form respektive ihre Gestalt annehmen („Morphogenese"). Die vorherrschende mechanistische Sicht auf das Leben reduziert den Entstehungsprozess der Gestalt von Organismen auf die Ebene der Moleküle und insbesondere die DNS. Dem widerspricht Sheldrake, indem er sagt, dass die Form grundsätzlich nicht durch die Substanz erklärt werden kann. Er behauptet, morphische Felder sind physikalisch real, obwohl sie sich weder stofflich, noch energetisch oder lokal wahrnehmen lassen. Dazu ein wesentlicher Ausschnitt aus einem seiner Bücher: „Erstens: Morphogenetische Felder sind eine neue Art von Feld, die bislang von der Physik nicht anerkannt wird. Zweitens: Sie nehmen Gestalt an, entwickeln sich wie Organismen. Sie haben eine Geschichte und enthalten ein immanentes Gedächtnis aufgrund des Prozesses, den ich morphische Resonanz nenne. Drittens: Sie sind Teil einer größeren Familie von Feldern, den sogenannten morphischen Feldern (...)."

Für den Kontext dieses Buches ist es wichtig zu wissen, dass jeder Gedanke, jedes gesprochene Wort im morphischen Feld gespeichert wird und diese Informationen frei zugänglich sind. Wie Sie sich diese „Datenbank" vorstellen möchten, das bleibt Ihnen überlassen – ob als ätherisches Feld, das jeden und alles umgibt, oder als weltumspannendes virtuelles Netz, in dem jeder mit jedem verbunden ist. Jeder Mensch ist Teil dieses großen universellen Feldes und hat darin sein eigenes morphisches Feld (vergleichbar mit einem Datensatz). Da die im Feld fließenden Informationen nicht greifbar oder wissenschaftlich nachvollziehbar sind, fällt es schwer, einen konkreten Terminus zu finden. Das verhält sich wie mit dem elektrischen Strom: Man sieht ihn nicht, und trotzdem gibt es ihn. Allerdings ist Strom messbar – zur Messbarkeit des morphischen Feldes kommen wir noch.

Die Einflüsse dieser überdimensionalen Datenbank und der morphischen Resonanz sind überall um Sie herum deutlich spürbar. Je mehr Sie in Resonanz mit dem Feld gehen, desto stärker werden Sie das zu spüren bekommen. Davon kann ich selbst ein Lied singen: Im Frühjahr 2006 habe ich die Methodik MFL modifiziert und erweitert. Die Erdung, so wie sie heute Teil der Methode ist, nahm damals ihren Anfang. Es brauchte noch viel Zeit, den Teilnehmern das Lesen im morphischen Feld beizubringen. Meist benötigten wir den kompletten ersten Seminartag, um allen Teilnehmern einen ersten Zugang zum Feld zu ermöglichen. Heute schaffen wir das in einer Stunde. Ich bin sicher, dass sich auch für die Methode MFL ein eigenes morphisches Feld aufgebaut hat, das allen neuen Teilnehmern meiner Workshops einen problemlosen Einstieg beschert.

Das morphische Feld kennt eine lange Tradition

Sollten Sie den Eindruck gewonnen haben, dass MFL etwas Neues ist, muss ich das korrigieren. Die Methode ist, so wie ich sie anwende, zwar neu und von mir entwickelt. Es gibt allerdings viele verschiedene Bereiche, in denen Menschen schon seit jeher auf die Informationen des morphischen Feldes zurückgreifen. Pendeln, Tarot, Familienstellen und die systemische Therapiearbeit zählen dazu, um nur einige zu nennen.

Eine der ältesten Traditionen, die auf die Kraft des morphischen Feldes vertraut, ist der Schamanismus. Wenn ein Schamane für einen Schützling eine Zeremonie abhält, begibt er sich unter anderem auf eine Art Traumreise. Er versetzt sich durch Tanz, Gesang, Drogen oder Trommeln in eine Art Trance bzw. tiefe Konzentration. Während seiner „Reise" erhält er alle notwendigen Informationen, die aus dem morphischen Feld kommen.

Auch Rudolf Steiner beschreibt in seinen Arbeiten über die Akasha-Chronik und den Ätherleib des Menschen die Möglichkeiten des morphischen Feldes. Ebenso wie Carl Gustav Jung, der, wenn er vom kollektiven Unbewussten spricht, das morphische Feld meint. Ein weiterer großer Forscher zum morphischen Feld ist Burkhard Heim (1925-2001). Der Quantenphysiker widmete sein Leben der physikalischen Strukturtheorie der Weltbeschreibung und dem 12-Dimensionen-Modell. Dieses Modell beschreibt neben den bisher bekannten Dimensionen (linear, flächig, räumlich, zeitlich) auch den formlosen Raum in bis zu zwölf Dimensionen (Hyperraum). Von Heim stammt der Ausspruch: „Da hat sich die Naturwissenschaft lange bemüht, den Glauben an übernatürliche Mächte und Wirkungen aus ihrem Weltbild rauszuschmeißen. Und nun kommt das alles durch die modernsten Theorien wieder rein. Das ist doch ein schlechter Witz!"

Als weiterer großer Verfechter, den ich hier vollständigerweise erwähnen möchte, der Heimschen Ideen und vor allem seines 12-Dimensionen-Modells gilt auch der Astrophysiker Illobrand von Ludwiger. Dieser kurze Ausflug in die Welt der Physiker, vor allem der Quantenphysiker, soll Ihnen zeigen, dass das morphische Feld längst Bestandteil der Wissenschaft ist.

Globales Bewusstsein ist messbar

Das geheimnisvolle Miteinander von Quantenphysik, Relativitätstheorie und mystischer Erfahrung stellt die Welt(-sicht) auf den Kopf – und unseren gesunden Menschenverstand auf eine harte Probe. Glauben Sie mir, mir ging es ebenso, da ich ein Pragmatiker bin. Dennoch half mir dieses Wissen sehr, um mir und anderen das Phänomen des morphischen Feldes zu erklären.

In diesem Zusammenhang sind auch die Untersuchungen von Professor Robert D. Nelson interessant. Der renommierte Wissenschaftler forschte ab Ende der 1970er Jahre an der Princeton University im Labor der „Princeton Engineering Anomalies Research" (PEAR) zum Thema „Interaktion von Mensch und Maschine". Inzwischen nutzt er seine Ergebnisse aus zahlreichen Studien und widmet sich mit einem eigenen Team der Frage, wie gut sich kollektives Bewusstsein (damit ist das Bewusstsein der Menschheit gemeint) messen lässt. Im Rahmen der Studie „Global Consciousness Project" arbeitet die Forschungsgruppe mit Zufallsgeneratoren.

„Seit 1998 scannen weltweit verstreut etwa 50 solcher Dioden mit weißem Rauschen nicht wie bisher nur das Bewusstsein von Individuen, sondern das globale Bewusstsein aller Menschen […] Dieses weiße Rauschen kann man sich in etwa wie ein Radio vorstellen, das zwischen zwei Sendern, also quasi auf das unregelmäßige Rauschen, eingestellt ist. Die Rohdaten dieses Rauschens werden von jedem Computer, an das eine dieser ca. 50 Dioden angeschlossen ist, einmal täglich per Internet an den Zentralrechner der Universität Princeton übermittelt", schreibt Peter von Buengner, Leiter des von ihm gegründeten „Campus Studienzentrum" für angewandte Naturheilverfahren in München.

Nach einer Reihe von weiteren Experimenten (beispielsweise in Konzertsälen) dehnte Nelson seine Forschungen aus – und ging im Fall der im August 1997 tödlich verunglückten Prinzessin Diana erstmals über kontinentale Grenzen hinaus. Am Tag der Beerdigung hatte Nelsons Team mehrere seiner Zufallsgeneratoren in Europa und in den USA kombiniert. Die Messergebnisse zeigten synchrone Ausschläge aller Dioden – und taten dies auch bei anderen weltweit Aufsehen erregenden Ereignissen, wie zum Beispiel beim Terroranschlag vom 11. September 2001 auf das World Trade Center in New York. Zu diesem Zeitpunkt hatten die Forscher bereits 75 ihrer Zufallsgeneratoren auf der ganzen Welt installiert und so eine Art weltweites EEG an der Weltkugel als gigantisches Gehirn zur Verfügung. Schon einige Stunden vor dem Einschlagen des ersten Flugzeuges in einen der beiden Türme verzeichneten die Zeiger einen signifikanten Anstieg.

Peter von Buengner ist sicher, dass es sich um ein wie von Rupert Sheldrake postuliertes morphisches Phänomen handelt: „Dass das globale Bewusstsein auch ohne weltweite Medien und Fernsehausstrahlungen funktioniert, kann man daran erkennen, dass das globale Bewusstsein bereits um 4:00 Uhr alarmiert war [...], also fast fünf Stunden, bevor das erste Flugzeug einschlug (8:45) und sechseinhalb Stunden vor Eintreffen des zweiten Flugzeugs (10:30). Da dieser Terroranschlag bis 8:45 Uhr weder den Behörden bekannt war noch in den Medien vorher darüber berichtet wurde, hat das globale Bewusstsein also schon ab dem

Moment reagiert, in dem die Flugzeugentführer begonnen hatten, ihren Plan in die Tat umzusetzen! Das sind erste Beweise für das Vorhandensein morphischer Felder, die alle Menschen offensichtlich auch dann verbinden, wenn die Wahrnehmung eines Ereignisses nur außersinnlich erfolgt."

Von den Tieren lernen

Provokant formuliert: Wozu brauchen wir die Wissenschaftler, wenn die Natur uns ständig vorführt, wie Intuition oder Instinkt funktionieren. Gerade in der Tierwelt finden sich immer wieder wegweisende Beispiele dafür. Denken wir nur an die Tsunami-Katastrophe im Jahr 2004 im Indischen Ozean, genauer gesagt in der Andamanensee in Südostasien. Lange bevor die großen, zerstörerischen Wellen das Land erreichten, liefen die Tiere ins Landesinnere auf höher gelegene Ebenen und brachten sich so in Sicherheit. Es gab keine „spürbaren" Warnungen für die herannahende Katastrophe, nachweislich nicht einmal Erschütterungen, die die Tiere hätten wahrnehmen können. Die Informationen wurden auf spezielle Weise weitergegeben oder abgerufen. Der Instinkt rief die richtige Reaktion hervor und löste bei den Tieren den Fluchtreflex aus.

Was genau der Hintergrund dieses Verhaltens ist, darüber rätselt man noch. Die Tatsache, dass positiv geladene Schwebeteilchen (Aerosole) in der Luft dazu führen können, im Gehirn den Angst auslösenden Botenstoff Serotonin auszuschütten, will der Naturwissenschaftler Helmut Tributsch nicht als einzige Erklärung für die Aufregung unter Tieren kurz vor einem Erdbeben gelten lassen. Das Epizentrum der Erschütterung lag im Fall des Tsunami in Asien in 40 Kilometern Tiefe, die Wassermassen erreichten die indische Küste erst Stunden später. Ein anderes Beispiel:

Im Februar 1975 konnte die nordostchinesische Stadt Haicheng unmittelbar vor einem Beben der Stärke 7,3 nicht zuletzt deshalb so schnell evakuiert werden, weil Bewohner beobachtet hatten, wie Schlangen aus dem Winterschlaf erwachten und ans Tageslicht krochen.

Balance zwischen Kopf und Herz

„Die größte Distanz im Leben eines Menschen ist nicht von hier nach dort oder von dort nach hier. Nein, die größte Distanz im Leben eines Menschen ist die von seinem Kopf zu seinem Herzen. Ohne dass er diese Distanz überwindet, kann er niemals lernen, wie ein Adler zu schweben und die Unermesslichkeit in sich selber erfassen."

Angaangaq Angakkorsuaq, der berühmte Heiler der Eskimo-Kalaallit in Grönland, bringt das fehlende Gleichgewicht zwischen Denken und Fühlen auf den Punkt. Genau diese Balance zwischen Verstand und Bauchgefühl bzw. Intuition braucht es, um ein glückliches und erfülltes Leben zu führen. Unseren gesunden Menschenverstand benötigen wir, weil er uns hilft, den Alltag zu bewältigen. Diese Instanz sagt uns: Heute regnet es, nimm einen Regenschirm mit. Oder: Halt an der Stelle jetzt besser den Mund, da die Situation sonst eskalieren könnte. Das Denken sorgt dafür, das richtige Maß für uns selbst zu finden.

Wenn es jedoch um Themen geht, die zum Beispiel darüber entscheiden, welche Richtung wir in unserem Leben einschlagen sollen, brauchen wir die Intuition. Sie verfügt über eine Verbindung zum morphischen Feld und damit zu allem Wissen, das uns dabei unterstützt, den richtigen Weg zu finden. Die Intuition wird uns nicht sagen können, wie wir das dann umsetzen, denn dafür gibt es den Verstand.

Wenn Sie sich also wieder auf Ihre Intuition einlassen wollen, bedeutet das, konsequent (auch wenn das anfangs viel Disziplin erfordert) immer wieder innezuhalten, zu fühlen und sich die Frage stellen: Was ist gerade meine Wahrheit? Was möchte ich? Es ist so einfach. Wenn sich dann Ihr innerer Zweifler meldet und beginnt, mit Ihnen zu diskutieren, braucht es ab und zu noch ein diszipliniertes „Stopp!“, um nicht wieder in alte Gewohnheiten zu fallen – ein entschiedenes Nein, um sich nicht mehr an der Diskussion zu beteiligen. „Nein“ ist übrigens bereits ein ganzer Satz. Erinnern Sie sich einfach, wer die Herrin bzw. der Herr im eigenen Haus ist. Sie entscheiden, auch wenn es Ihnen gar nicht wirklich bewusst ist, wo Sie Ihre Aufmerksamkeit hinlenken. Alles andere geschieht dann wie von selbst. Ich wiederhole: Energie folgt der Aufmerksamkeit. Wenn Sie Ihre Aufmerksamkeit wieder der Intuition zur Verfügung stellen, indem Sie innehalten und fühlen, werden Sie Ihre Impulse von Mal zu Mal deutlicher wahrnehmen, ihnen wieder vertrauen und danach handeln können.

Die Kopflastigkeit aushungern

Unser Denken – der Verstand – ist ein Instrument oder auch eine Instanz in unserem Leben, nicht aber der Motor oder die Quelle, aus der unser Leben entspringt. All unser Potenzial lässt sich dem Bauch bzw. dem Herzen zuordnen. Meistens unterstreicht dies auch noch eine Handbewegung. Nämlich, dass eine Hand zum Bauch geht und dort verweilt. Je weniger Futter bzw. Aufmerksamkeit wir dem Denken geben, umso mehr kommen wir ins Fühlen. Unser Bauchgefühl wartet nur drauf, wieder mehr beansprucht zu werden.

Während meiner Workshops mache ich immer wieder die Erfahrung, dass gerade Teilnehmer, die sehr „im Kopf sind“, anfänglich damit zu kämpfen haben, wenn ich mich strikt weigere, ihren Verstand weiter mit ausführlichen Informationen zum morphischen Feld zu nähren. Ich erkläre alles, was notwendig ist, um die Methode zu verstehen, liefere aber keine zusätzlichen Informationen über Hintergründe, bekannte Vertreter der Feldtheorien oder andere Details. Täte ich das, würde ich ihr Programm „Ich denke, dass ich fühle" nur verstärken. Um aber den Sprung vom Denken zum Fühlen zu vollziehen, müssen Sie bereit sein, dem eigenen Gefühl zu vertrauen. Wenn dies gelingt, und die Erfahrung muss jeder selbst machen, dann werden Sie etwas Einzigartiges erleben. Einem Drogenabhängigen, der auf Entzug ist, würden Sie ja auch keine Drogen geben, damit er davon wegkommt, oder? Sie müssen sich also darauf einlassen, um eine neue Erfahrung mit dem eigenen Fühlen zu machen. Es dauert vielleicht ein, zwei Tage, bis sich „wie durch ein Wunder" der Wandel hin zum Fühlen fast wie von selbst vollzieht. Wenn sich jemand in meinen Kursen während dieses Prozesses noch nicht öffnen kann und stattdessen in den Widerstand geht, sage ich stets: „Viel Widerstand, viel Potenzial!" Dies beweist sich dann auch, sobald der Sprung zum Wieder-Fühlen schließlich geglückt ist. Und das passiert immer.

Die eigene Wahrheit wiederentdecken

Wir fallen schon als Kleinkinder aus unserer ureigensten Wahrnehmung. Ein Beispiel, das wir alle kennen: Ein kleines Kind sagt zu seiner Mutter: „Mama, ich hab Hunger." Die gängige Antwort darauf lautet: „Das kann doch gar nicht sein, du hast doch erst vor einer Viertelstunde gegessen." Es mag banal klingen, aber bereits hier verlieren wir unser Vertrauen und fallen aus unserer Wahrnehmung, die wir uns später als Erwachsene wieder mühsam erarbeiten müssen. Das Kind ist auf seinen Ernährer angewiesen und stellt seine Wahrnehmung, die in dem Moment natürlich stimmt, hinten an, um nicht die Liebe der Mutter zu verlieren. Und so geht es dann im Kindergarten, in der Schule, in Ausbildung und Beruf weiter. Wie oft hören bzw. sagen Sie heute noch den Satz, wenn Sie über Ihre Wahrnehmung oder Empfindung sprechen: „Das kann doch gar nicht sein!" Ich kann Ihnen nur wärmstens empfehlen, trauen Sie Ihrer Wahrnehmung, denn sie ist für Sie wahr.

Ein weiterer scheinbar unscheinbarer Satz, der uns alle hindert, der eigenen Intuition oder dem Bauchgefühl zu vertrauen, lautet: „Denk nach, bevor du sprichst!" Kommt Ihnen das bekannt vor? Wenn Sie dann auch noch ein lebendiges Kind waren, kommen weitere Verbote und Einschränkungen hinzu, die Sie an sich selbst zweifeln lassen oder mindestens Ihr Selbstvertrauen geschwächt haben.

Was im Erwachsenenalter davon übrigbleibt, sind vor allem Zweifel. Vor vielen Jahren, kurz bevor ich begann, eigene Kurse zu veranstalten, hatte ich gerade mal wieder Zweifel an der Qualität einer Lesung. Da wurde mir klar, dass ich, wollte ich in Kürze anderen Menschen die Methode beibringen, auch selber nicht mehr daran zweifeln durfte. Es gab deshalb nur zwei Möglichkeiten: Entweder ich vertraue dem Ganzen endlich restlos, weil es stimmt, oder ich werfe alles hin. Ich tat das einzig richtige, ich entschied mich, mit dem Zweifeln aufzuhören. Das war eine längst überfällige Entscheidung, denn in all den Jahren hatte ich genügend Beweise für die Richtigkeit der Antworten aus dem Feld erhalten. Und es war gleichzeitig eine große Lehre für mich. Ich hatte mich entschieden, und es funktionierte. Dass diese Entscheidung aus tiefstem Herzen kam, möchte ich betonen. Die Erkenntnis, die ich daraus gezogen habe: Wir sind ganz oft nur eine Entscheidung vom Glücklichsein entfernt.

Trauen Sie Ihrer Wahrnehmung!

Wie findet man wieder zu seiner eigenen Wahrheit? Allem voran steht das Innehalten und (Wieder-)Fühlen. Sie können nur etwas völlig Neues entdecken, wenn Sie innehalten und fühlen. Doch wie soll jemand, der durchs Leben rast, fühlen? Fühlen braucht Zeit, auch wenn es nur einen Moment lang ist. Ob ein Mensch Zeit hat oder nicht, entscheidet er oder sie für sich selbst. Für den einen sind 24 Stunden am Tag viel zu wenig, für den anderen alle Zeit der Welt. Zu welcher Gruppe wollen Sie gehören? Gerade wenn uns der Stress und die Hektik in den Klauen halten, ist Innehalten und Fühlen der schnellste Ausweg. Nehmen Sie sich einen Augenblick Zeit. Fühlen Sie mal in einem solchen Moment, wie es Ihnen wirklich geht. Sie werden über die Ergebnisse sehr überrascht sein. Der Weg zum Glücklichsein geht über Fühlen. Warum? Weil Fühlen klüger ist als Denken! Das können Sie sofort an der Flüchtigkeit von Gedanken feststellen, vorausgesetzt Sie halten inne. Das Leben ist einfach, und dies beweist sich jedes Mal, wenn Sie innehalten und fühlen, um für sich klar zu bekommen, was gerade wirklich Ihre Wahrheit ist. Machen Sie sich das Leben nicht unnötig schwer. Ganz egal, ob Sie MFL schon beherrschen, innehalten und fühlen können Sie allemal. Fühlen Sie Ihre eigene Wahrheit. Denn nur der können Sie vertrauen. Oder anders ausgedrückt: Trauen Sie Ihrer Wahrnehmung!

Je besser Sie Ihre Gefühle wahrnehmen, je öfter Sie das reflektieren, desto eher werden Sie feststellen, ob und wann Sie sich selbst betrügen und in einer sogenannten Komfortzone eingerichtet haben. Auch wenn sie Ihnen zwischenzeitlich gemütlich erscheinen mag, sobald Sie erkennen, wo Sie es sich im Leben bequem machen, wird sich Ihr Leben freier und unbeschwerter anfühlen. Glauben Sie, dass man einem indischen Yogi, der sein Leben lang auf einem Nagelbrett sitzt, ein weiches Sofa schmackhaft machen kann? Wohl kaum. Er ist in seiner „Komfortzone". Das lässt sich leicht auf unser Leben übertragen: Wir sitzen jahrelang auf Nagelbrettern und glauben, das sei das gemütlichste, was wir uns vorstellen können.

Je mehr Sie mit dem morphischen Feld arbeiten, umso öfter werden Sie sich selbst reflektieren. Doch es gibt auch Nebenwirkungen während dieser Arbeit, die Sie auf Ihrem Weg behindern und blockieren können. Eine Begleiterscheinung kann sein, dass Sie sich schuldig fühlen wegen all dem, was Sie möglicherweise verpasst haben. Aber Halt: Es gibt keine Schuld! Das ist eine Erfindung von Menschen, die andere unterdrücken wollen. Befreien Sie sich aus der Vorstellung, dass Sie an irgendetwas schuld sind. Ersetzen Sie „schuldig sein" mit „Verantwortung übernehmen". Das ist neutral und stärkt Sie selbst. Das hat nichts mit Wortklauberei oder Schönreden zu tun. Auch hier werden Sie einen Unterschied fühlen können. Es ist kraftvoll zu sagen: Ich übernehme die Verantwortung für mein Leben, meine Entscheidungen, mein Handeln und Tun.

Sollten Sie Schwierigkeiten mit der Aussage „Es gibt keine Schuld!" haben, kann ich gerne ein praktisches Beispiel dafür geben. Nehmen Sie an, es kam an einer Kreuzung zu einem Autounfall, weil ein Verkehrsteilnehmer die rote Ampel übersah. Jetzt kann man natürlich aus alter Gewohnheit sagen, er hat Schuld. Dies bleibt jedoch zu sehr an der Oberfläche. Wenn Sie jetzt „schuld sein" durch „Verantwortung übernehmen" ersetzen, bleibt zwar der Sachverhalt der gleiche, aber die Wertung ist verschwunden, die uns in so einem Fall einfach nicht weiterhilft. Wenn jeder seine Verantwortung übernimmt, gibt es keinen Streit um die Sache.

Diese Selbstreflexion wird auch noch einen weiteren wichtigen Aspekt hervorbringen, der Ihnen anfangs Schwierigkeiten bereiten kann, nämlich unseren Hang zum Bewerten und Vergleichen. Das Leben, das Sie bisher führten, hat Sie zu dem jetzigen Punkt gebracht. Sie können, wenn Sie es wirklich möchten, Veränderungen einleiten. Seien Sie einfach behutsam mit sich selbst und machen Sie sich bewusst, dass bewerten und vergleichen, egal ob Sie das mit sich selbst oder anderen tun, alle zu Verlierern macht, weil immer ein anderer besser zu sein scheint. Wenn Sie Ihr Leben verändern möchten, indem Sie es mehr zu Ihrem eigenen Leben machen, ist es notwendig, aufzuhören zu bewerten und stattdessen einfach nur wahrzunehmen, was tatsächlich in Ihrem Leben stattfindet. Bewertungen führen letztlich nur zu schlechten Gefühlen.

Freuen Sie sich lieber auf die Veränderungen, die dann möglich werden. Eine Veränderung an sich ist völlig wertneutral. Sie zeigt nur, dass etwas anders ist als vorher. Sie ist nicht gut und sie ist nicht schlecht. Nur durch unsere Bewertung nehmen wir ihr die Reinheit. Versuchen Sie so gut es geht, neutral zu bleiben und einfach nur wahrzunehmen, was geschehen ist oder gerade geschieht.

Natürlich ist es eine gewisse Herausforderung, wenn wir unser Leben lang bewertet und verglichen haben, das nun sein zu lassen. Doch wie soll eine Veränderung stattfinden, wenn wir die gleichen Dinge tun wie zuvor? Damit sich in meinem Leben etwas ändert, muss ich etwas ändern, indem ich zum Beispiel bestimmte Dinge mit einer neuen Haltung angehe und etwas anders oder neu mache. Das hört sich jetzt vielleicht leichter an, als es ist. Nicht mehr zu bewerten oder zu vergleichen ist ein großer Schritt, der, wenn Sie sich daran halten, Ihr Leben und Ihre Einstellung zum Leben verändert.

Vertrauen schafft Sicherheit

Wer MFL konsequent anwendet, erlebt dieses Vertrauen in einer vielfach verstärkten Form. Während des Leseprozesses ist derjenige, der liest, permanent aufgefordert, alle Informationen aus dem Feld völlig frei von Bewertung und der eigenen Meinung unmittelbar auszusprechen. Das Nicht-Bewerten findet jeden Moment statt, was eine hervorragende Übung zur Selbstreflexion ist, weil sich unsere ganze Energie und Aufmerksamkeit auf die Wahrnehmung dessen richtet, was tatsächlich gerade in unserem Leben stattfindet. Damit schaffen wir eine Ausgangsbasis, um die eigene Wahrheit zu erkennen und gleichzeitig alle Sinne bewusst zur Wahrnehmung zu nutzen.

Nehmen wir ein einfaches Beispiel: Das Telefon klingelt. Sie können sich Gedanken darüber machen, wer der Anrufer sein könnte und was Sie jetzt nun wieder – vielleicht sogar Schlechtes –

erwartet. Oder Sie halten einen kurzen Moment inne und vertrauen Ihrem ersten Impuls, der Ihnen sagt, wer in der Leitung sein könnte. Lassen Sie sich von Ihrem Denken nicht ablenken, fühlen Sie. Auch hier gilt wieder: Das erste, was kommt, ist Ihre Wahrheit. Alles, was folgt, entspringt unserem Kopfkino. Und schon sind wir wieder bei der ersten wichtigen Regel. Wie oft hatten Sie in der Vergangenheit schon Recht, wenn Sie sagten: „Ich hab's doch gleich gewusst!"? All die Bewertungen und Vorurteile blockieren unsere Energie. Machen wir uns frei davon, steht sie uns wieder uneingeschränkt zur Verfügung, um sie in unsere Wahrnehmung einfließen zu lassen.

Sie sind dank der freigesetzten Energie in der Lage, alles wahrzunehmen, was in Ihnen und um Sie herum stattfindet, weil Sie auf die leisen Zwischentöne achten, die in vielen Situationen oft eine entscheidende Rolle spielen. Je mehr Sie bei sich sind, umso besser können Sie Ihre Umgebung wahrnehmen. Letztendlich geht es um die Erlaubnis, mit allen Sinnen erleben zu dürfen.

Stellen Sie sich einmal bewusst mit geschlossenen Augen in einen großen Raum. Sie werden schon bald das Gefühl haben, den ganzen Raum wahrnehmen zu können, selbst das, was sich hinter Ihnen befindet. Sie spüren die genauen Abmessungen des Raums, nicht nur in der Länge und Breite, sondern auch in der Höhe. Der Raum bildet sich sozusagen vor Ihrem inneren Auge ab. Genau das macht einen guten Bühnenschauspieler aus. Er muss zu jeder Zeit und in voller Konzentration die gesamte Bühne wahrnehmen. Nur so kann er spontan auf unvorhersehbare Ereignisse reagieren, wenn beispielsweise ein Kollege zu früh auf die Bühne kommt, der Schauspieler das aber nicht sieht, weil er mit dem Rücken zu ihm steht. Der Auftretende spricht nicht, macht kein Geräusch, und auch das Licht verändert sich nicht. Unhörbar läuft er auf seinen Kollegen zu. Unser Schauspieler spürt das, weil er hochkonzentriert den ganzen Raum wahrnimmt. Deshalb ist er in der Lage zu agieren, deshalb bewegt er sich zum richtigen Zeitpunkt oder beginnt zu sprechen. Ganz ohne Zeichen, nicht mal sein Verstand kann dabei helfen. Lediglich sein Gespür lässt ihn den Impuls wahrnehmen und im richtigen Moment handeln. Jetzt denken Sie vielleicht, dass er ja lange genug für das Stück geprobt hat. Mag sein, und doch ist jeder Moment auf der Bühne neu. Und sei es nur, weil ein Mitspieler sich vertut und ausnahmsweise zu früh und auch noch von der falschen Seite auftritt. Die Vorstellung ist gerettet, weil der Schauspieler die gesamte Situation wahrnimmt. Ein solches Vertrauen in die eigene Wahrnehmung schafft Sicherheit.

Das Leben mag zwar nicht wie eine Theateraufführung funktionieren, aber dennoch werden Sie nach einer Weile feststellen, wie breit und tief Ihre Wahrnehmung sein kann. Wenn Sie häufig im morphischen Feld lesen, geschieht das fast automatisch. Je mehr Sie fühlen und je klarer Sie sich dabei wahrnehmen, desto eher können Sie spüren, wann Sie sich selbst belügen. Manche meiner Kursteilnehmer entwickeln eine regelrechte Freude daran, sich mitsamt ihren Ausreden auf die Schliche zu kommen. Aus eigener Erfahrung kann ich nur sagen, dass dies wirklich viel Spaß macht. Denn mit jedem aufgedeckten Selbstbetrug werden wir freier in unseren Entscheidungen.

Das Feld liebt dich

Sie wundern sich vielleicht über dieses Kapitel. Was hat denn Liebe mit Intuition, Gefühl und dem morphischen Feld zu tun? Die Antwort ist ganz einfach: Alles! Wenn wir wirklich wieder anfangen zu fühlen und uns wahrnehmen als das, was wir sind, kommen wir an der Liebe und allem, was damit zu tun hat, nicht vorbei. Die größte Triebfeder des Menschen ist die Liebe. Sie ist die stärkste Kraft, die neues Leben entstehen lässt. Wenn wir wieder mit uns selbst in Kontakt stehen, spüren wir auch die Liebe. Die Liebe zu uns selbst, wie auch zu anderen. Dies ist ein Ziel von MFL: Die Liebe zu leben in allen Lebensbereichen.

Unsere Sehnsucht nach Liebe

Wenn der natürliche Wunsch nach einer Beziehung stark, aber unerfüllt ist, verlagern wir unsere Aufmerksamkeit auf eine weniger schmerzhafte Position. Wir leben dann nur die Sehnsucht nach Liebe. Dies kommt häufig zum Ausdruck, wenn Menschen sich im Feld lesen lassen, wann denn die nächste Beziehung komme. Meistens geht es erst mal darum, diese Sehnsucht als solche zu erkennen. Auch wenn sie nur ein schwacher Ersatz für die Liebe ist, so gibt sie uns doch wenigstens das Gefühl, nach ihr zu suchen. Da sich die Intensität der Sehnsucht steuern lässt, glauben wir, die Kontrolle zu haben, und leiden – auch wenn wir den Mangel spüren – in einem scheinbar erträglichen Rahmen. Es macht uns zwar nicht glücklich, aber wir ‚ersatzbefriedigen' wenigstens unseren Wunsch nach Liebe und Gemeinsamkeit. Mit der Zeit richten wir uns in diesem Zustand der Sehnsucht in einer Komfortzone ein und erleben diese als unsere Realität. Was wieder damit gleichzusetzen ist, dass wir nur denken zu fühlen. Wir geben uns mit dem zufrieden, was ist, da wir ja nur diese Realität erleben. Dass sie hausgemacht und genau genommen nur eine Schutzhaltung ist, lässt sich kaum mehr erkennen.

Wir denken, dass wir fühlen, um nicht wirklich fühlen zu müssen. Wer Rückenschmerzen hat, nimmt eine Schonhaltung ein, um den Schmerz zu vermeiden. Wer mit seinem Leben unzufrieden ist, lässt nur Schongefühle zu. Schauen wir von außen auf dieses Phänomen, scheint alles sehr logisch, nachvollziehbar und leicht erkennbar. Doch wenn jemand mittendrin steckt in seiner Unzufriedenheit und seit Jahren den Zugang zum Herzen verschlossen hält, ist es unglaublich schwer, das ohne einen Anstoß bzw. die Hilfe von außen zu erkennen und zu ändern.

Genau genommen ist der Schmerz ein Hinweis darauf, dass wir nicht mehr in der Balance sind. Es muss aber gar nicht so weit kommen. Oft genug bekommen wir aus unserem persönlichen Umfeld, sei es durch die Familie, den Partner oder die Freunde – unmissverständlich – gesagt, wenn unser Herz nicht mehr offen ist. Das sind dann meist die Momente, wo wir unser Gegenüber auf den Mond schießen könnten, weil wir spüren, dass er oder sie Recht hat, es aber nicht hören wollen. Eine gute Freundin drückte das einmal sehr treffend aus: „Wenn der liebe Gott dir was zu sagen hat, findet er immer einen Mund, der es dir kund tut."

Mit einem offenen Herzen fallen Sie nicht so leicht aus Ihrer Balance. Denn Sie wissen um Ihre Stärke und haben deshalb keine Angst mehr, sich auf das Neue, Andersartige einzulassen. Wenn Sie kleine Kinder beobachten, werden Sie feststellen, dass ihre Freude an der Welt größer als ihre Angst ist. Sie können darüber hinaus über die alltäglichsten Dinge staunen. Findet ein Kind einen besonders hübschen Stein am Bach, dreht und wendet es ihn von allen Seiten und bestaunt ihn, als wäre er das 8. Weltwunder. In dem Moment existieren keine Wertung und auch kein Urteil über diesen Stein. Es scheint, als würde das Kind mit dem Stein so tief in Resonanz gehen, dass die beiden fast verschmelzen. Es herrscht eine beinahe unermessliche Innigkeit. Das Kind hat ein offenes Herz und kann den Stein mit allen Sinnen erfahren.

Die Fähigkeit, staunen zu können, ist ein guter Gradmesser dafür, wie weit wir unser Herz öffnen bzw. offen halten können. Wie offen ist Ihr Herz? Wann hat die Welt Sie zuletzt in Staunen versetzt? Wann waren Sie zuletzt umgeben von Schönheit und Anmut? Sollten Sie sich nicht daran erinnern können, dann gehen Sie doch mal wieder in ein Museum. Stellen Sie sich vor ein Gemälde oder eine Skulptur, die Ihnen gefällt, und staunen Sie. Lassen Sie sich von der Kraft und Ausstrahlung des Kunstwerkes beeindrucken. Spüren Sie dabei nach innen und halten Sie inne. Sie werden spüren, wie sich Ihr Herz öffnet und sich ein Glücksgefühl in Ihnen ausbreitet. Denken Sie dabei an das staunende Kind, dass Sie selbst einmal waren, und lassen Sie es frei.

Dieses Wunder des Staunens können auch die Menschen, die wir lieben, vollbringen, weil sie uns an unsere bedingungslose Liebe erinnern, die wir tief in unserem Herzen tragen. Wir kennen alle den Satz: „Da geht mir das Herz auf." Genau das geschieht in den Augenblicken des Staunens. Wir öffnen uns für die Liebe und lassen uns im Herzen davon berühren.

Der einfachste Schritt, um die bedingungslose Liebe wiederzufinden, ist, das Herz zu öffnen für alles, was uns im Leben begegnet. Stellen Sie sich vor, Sie könnten alle Menschen und

Situationen so akzeptieren und lieben, wie sie sind. Keine Katalogisierung, keine Bewertung mehr. Alles, was geschieht, ist gleich liebenswert. Nicht weil es faktisch und real so ist, sondern weil Sie allen und allem so begegnen.

Begegnen Sie in dieser Haltung der Welt, machen Sie sich zugleich frei von Angst. Die meisten Konflikte und Konfrontationen entstehen, weil wir Angst haben vor der Andersartigkeit und Fremdheit des Anderen. Weil wir uns nicht mal die Mühe machen, den oder das Andere so zu akzeptieren, wie er, sie oder es nun mal ist. Oft genug interessieren wir uns nicht mal dafür und bleiben stattdessen an Äußerlichkeiten hängen. Das Ende vom Lied: Wir fahren unsere Schutzprogramme hoch und bringen uns um unsere Wahrnehmung und letztlich ums Staunen. Doch genau dieses Staunen ist eine wesentliche Voraussetzung, um überhaupt Verbindung zum morphischen Feld aufnehmen zu können.

Liebe als Antriebskraft

Liebe ist eine große Antriebskraft. Sie versetzt Berge und lässt uns weit über uns hinauswachsen. Doch davon möchte ich hier gar nicht schreiben. Mit Liebe und Herzöffnung meine ich in erster Linie die bedingungslose Liebe, die nicht auf irgendjemand oder -etwas ausgerichtet ist, die keine Erwiderung braucht und die nichts will, sondern einfach nur ist. Die Form von göttlicher Liebe, aus der wir alle gekommen sind und zu der wir immer wieder zurückkehren, die uns sein lässt, die wir spüren und wahrnehmen, wenn wir unsere ganze Aufmerksamkeit tief nach innen richten und einfach nur sind. Der Augenblick zwischen zwei Gedanken oder zwischen zwei Atemzügen. Der Moment, in dem wir die Unendlichkeit des Nichts wahrnehmen und uns doch gleichzeitig mit allem verbunden fühlen. Wenn Sie dies erleben können, und das ist mit viel Übung durch MFL möglich, erleben Sie einen Zustand, der noch weit über das Staunen hinausgeht.

Wenn wir geboren werden, kennen wir nur die bedingungslose Liebe. Im Lauf unseres Erwachsenwerdens erlernen und erleben wir die bedingte Form zu lieben. Ganz oft geht bei diesem Prozess der Zugang zur bedingungslosen Liebe verloren oder wird – genauer gesagt – verschüttet. Unser Fokus liegt darauf, das alltägliche Leben gut hinzubekommen. Das beherrscht uns so sehr, dass wir mehr und mehr aus dem Gefühl der universellen Einheit oder des All-Eins-Seins herausfallen und diese Liebe vergessen.

Doch dieser Weg ist keine Einbahnstraße. Während wir den Zugang zur bedingungslosen Liebe verlieren, erleben wir die bedingte Liebe, die sich an jemanden richtet. Als Kinder lieben wir unsere Eltern, Geschwister, Familie, Freunde, Haustiere usw. In der Pubertät entdecken wir dann die Liebe, indem wir uns zu einem anderen Menschen hingezogen fühlen. Wir verlieben uns und beginnen, uns im anderen zu sehen und zu erkennen, wie schön und liebevoll wir selbst sind. Wird dieses Gefühl erwidert, sind wir die glücklichsten Menschen und könnten die ganze Welt umarmen. Wir werden getragen von einer Welle des Glücks und können uns nichts anderes mehr vorstellen.

Findet unsere Liebe jedoch keine Erwiderung (mehr), erleben wir eine große Enttäuschung, nicht selten sogar eine Verletzung, die wir der Liebe zuschreiben. Wir fühlen den Schmerz in unserem Herzen und verschließen uns, um uns zu schützen und den Schmerz nicht mehr fühlen zu müssen. Wir verdrängen den Schmerz. Ist die Enttäuschung sehr groß oder findet sie immer wieder statt, verschließen wir unser Herz gänzlich. Die Vorstellung, dass es nun immer so weitergeht, wird unerträglich, und zum Schutz vor weiteren Schmerzen und weiterer Ablehnung lassen wir niemanden mehr an uns heran, oft nicht mal mehr uns selbst. Dies ist dann häufig der Grund, warum Menschen zu mir kommen, um sich im morphischen Feld lesen zu lassen. Sie kommen in Sachen Beziehung und Liebe einfach nicht weiter.

Der wichtigste Mensch in meinem Leben

Beantworten Sie sich bei dieser Gelegenheit doch mal die Frage: Wer ist der wichtigste Mensch in meinem Leben? Wenn Ihnen nun alle möglichen Personen einfallen, die Ihnen nahestehen, ehrt Sie das sehr. Es zeigt jedoch auf der anderen Seite, wie weit Sie von sich entfernt sind. Der wichtigste Mensch in Ihrem Leben sind Sie selbst. Punkt. Lassen Sie das auf sich wirken. Wie fühlt sich dieser Satz an? Sollten Sie sich nicht als Mittelpunkt Ihres Lebens fühlen, wird es höchste Zeit, wieder damit zu beginnen oder überhaupt damit zu beginnen. Nehmen Sie sich selbst ernst und wichtig. Sorgen Sie gut für sich. Schenken Sie sich die nötige Aufmerksamkeit, um darüber nachzudenken, was für Sie in Ihrem Leben wichtig ist. Das braucht für den Anfang nur ein paar Minuten.

Betrügen Sie sich nicht mit der Ausrede, das sei egoistisch, egozentrisch, oder unter Ihren Lebensumständen überhaupt nicht möglich. Seien Sie ehrlich mit sich und entlarven Sie alle diese Ausreden. Vielleicht ist ja das gerade der Grund, warum Sie nicht fühlen bzw. genau wahrnehmen können, wie es Ihnen wirklich geht, weil Sie dann feststellen müssten, dass Ihr Leben nicht Ihren Wünschen bzw. Erwartungen entspricht.

Wenn Sie schon mal mit dem Flugzeug geflogen sind, kennen Sie den folgenden Sicherheitshinweis: „Wenn die Sauerstoffmasken aus der Decke fallen, setzen Sie sich zuerst die Maske auf und helfen Sie erst dann den anderen, die noch Hilfe benötigen."

Sie können anderen nur helfen, wenn es Ihnen selbst gut geht. Gleichgültig, was Sie auch denken mögen: Sie sind der wichtigste Mensch in Ihrem Leben und genau so richtig, wie Sie sind.

Liebe fließen lassen

Das offene Herz kennt noch eine Steigerung, nämlich dabei auch noch Liebe fließen zu lassen – zielgerichtet hin zu bestimmten Menschen oder einfach in die ganze Welt. Sie können das mit einer Übung praktizieren, die sich „Liebe fließen lassen" nennt.

In meinen Workshops geht das folgendermaßen: Die Teilnehmer stellen sich in zwei Reihen einander gegenüber auf und die Übung beginnt wie folgt: In einer Reihe stehen die Empfänger. Sie haben nichts anderes zu tun, als ihr Herz offen zu halten und die Liebe von den Sendern anzunehmen. Die Sender, die gegenüber die andere Reihe bilden, stellen sich vor, wie durch ihren Scheitel die bedingungslose Liebe aus der göttlichen Quelle in sie hineinströmt und durch das geöffnete Herz zum gegenüberstehenden Teilnehmer fließt. Dabei kann man sich auch vorstellen, dass die Liebe die Farbe Magenta (wie das Rosa einer deutschen Telekommunikationsfirma) hat. Je nachdem, wie sensibilisiert Sie schon sind, können Sie sehr genau fühlen, wie die Liebe aus dem eigenen Herzen zum Herzen des anderen fließt. Und natürlich auch umgekehrt. Manche können den Strom von Herz zu Herz und die Liebe, die ihr Gegenüber ausfüllt und umhüllt, sogar sehen.

Die Herausforderung dieser Übung liegt meistens eher darin, die Liebe anzunehmen, als sie fließen zu lassen. Nach einer gewissen Zeit wird gewechselt, so dass jeder das Geben und Nehmen erfahren kann. Was wird Ihnen mehr liegen? Liebe zu geben oder Liebe zu empfangen?

Um bewusst Liebe aus dem eigenen Herzen fließen zu lassen, bedarf es keiner Gruppenübung. Üben Sie beispielsweise mit Ihrem Partner oder auch allein. Nehmen Sie sich einen Moment Zeit, setzen Sie sich dazu hin, schließen Sie die Augen und lassen Sie das Magenta der bedingungslosen Liebe aus der göttlichen Quelle von oben durch Ihren Scheitel in Sie hineinströmen. Lenken Sie diesen Strom zu einem Menschen, den Sie lieben oder zu dem Sie eine ganz besondere Verbindung haben. Ohne irgendwelche Absichten lassen Sie einfach diese Liebe dorthin fließen. Sie werden erleben, wie ein intensives Gefühl von Glück und Verbundenheit entsteht. Nicht selten spürt das auch der Empfänger. Ein guter Nebeneffekt dieser Übung ist, dass Sie sich gleichzeitig selbst mit der bedingungslosen Liebe verbinden und fluten. Wann haben Sie sich das letzte Mal so viel Aufmerksamkeit und Liebe geschenkt? Und das so ganz nebenbei, während Sie einem Menschen, der Ihnen besonders wichtig ist, Liebe schicken?

Einer meiner Klienten verdient sein Geld damit, an der Börse zu spekulieren. Er erklärte mir, dass das nur dann erfolgreich funktioniere, wenn sein Handeln aus reinem Herzen entspränge und kein Denken, kein Wollen, keine Gier und kein Begehren ihn beherrschten. Allein schon die Absicht, Gewinn machen zu wollen, beeinträchtige seinen Erfolg. Wenn er jedoch im absichtslosen Zustand sei, wisse er die Kursziele ebenso wie die genauen Zeitpunkte, wann er seine Kauf- und Verkaufsorder zu handeln habe. Dies könne er nur, weil er vollkommen im Kontakt mit seinem Bauchgefühl stünde. Sobald auch nur der Anflug von Denken mit im Spiel sei, verlöre er schon mal beachtliche Beträge. Er beginne seinen Tag deshalb zuerst damit, wahrzunehmen, wie absichtslos er gerade sei. Erst dann würde er anfangen zu spekulieren oder eben auch nicht. Manchmal verändere sich sein

Gefühl im Lauf des Tages, deshalb sei es für ihn wichtig, sich immer achtsam wahrzunehmen. Dieses Beispiel soll Sie nicht dazu verführen oder gar auffordern mittels MFL an der Börse zu spekulieren. Davon kann ich als ehemaliger Investmentbanker nur dringend abraten. Mir geht es darum, die Vielfalt der Möglichkeiten aufzuzeigen, wenn wir in Kontakt mit uns selbst, unseren Gefühlen und der allumfassenden Liebe sind.

Erdung – der Schlüssel zum morphischen Feld

Die Liebe ist und bleibt die Voraussetzung für ein glückliches Leben. Wir bereiten der Liebe einen Nährboden, wenn wir immer bei uns bleiben, was am leichtesten eintritt, sobald wir gut geerdet sind. Als Mensch energetisch geerdet zu sein heißt, eine gesunde Verbindung zur Erde zu haben, in der eigenen Kraft zu stehen und ihr zu vertrauen. Verbinden wir uns mit der Erde, nehmen wir wahr, wie die Energien fließen und sich spürbar erneuern. Eigentlich schade, dass „bodenständig" so einen faden Beigeschmack hat, denn der Begriff umschreibt im Grunde genommen ja Naturverbundenheit und Verwurzelung. Für jede Form von Energiearbeit ist es wichtig, gut geerdet zu sein. Wir benötigen die energetische Verbindung als Ausgangsbasis, um uns sicher im Feld zu bewegen.

Sich verankern

Um gezielt in eine andere Ebene, in unserem Fall das morphische Feld, zu gelangen und danach auch wieder sicher zurück in den Alltag, brauchen wir einen Anker in Form einer energetischen Verbindung zu Mutter Erde. Wenn Sie die folgende Erdungsübung ausprobieren, werden Sie schnell bemerken, wie es sich anfühlt, fast am Boden zu kleben. Dass Sie dabei in der Regel auch noch warme Füße bekommen, ist nur ein kleiner, aber spürbarer Nebeneffekt.

Stellen Sie sich einen Rennwagen vor, der 1000 PS hat. Wenn seine Reifen den Boden nicht berühren, wird er sich keinen Millimeter bewegen. Das gleiche gilt für uns Menschen. Wenn wir den Kontakt zum Boden verloren haben, können sich unsere Projekte nur sehr schwer manifestieren und umsetzen.

Auch beim Erden zählt zunächst einmal unsere Absicht. Wie bereits erwähnt, geht jeder Tat ein Gedanke voraus. Im Fall der energetischen Erdung reicht allein die Absicht, um eine erste Verbindung herzustellen. Wenn Sie sich vorstellen, dass Wurzeln aus Ihren Füßen wachsen, passiert dies bereits. Je nachdem wie feinfühlig oder feinspürig Sie schon sind, können Sie diesen Vorgang beobachten, wahrnehmen oder sogar fühlen.

Den eigenen Raum energetisch abgrenzen

Der zweite wesentliche Aspekt ist die energetische Abgrenzung. Durch die Erdungsübung konzentriere ich mich auf meine Mitte und bündle meine Kräfte. Dieses Fokussieren auf die eigene Mitte bedarf eines inneren Raumes, der durch energetische Abgrenzung entsteht. Bitte beherzigen Sie: Es geht bei der Abgrenzung nicht darum, die Welt oder die anderen Menschen auszusperren. Es geht darum, einen persönlichen Raum zu schaffen, in dem Ihre Energie ungehindert fließen kann.

Diesen inneren Raum können Sie sich am leichtesten erschaffen, wenn Sie sich zum Beispiel eine Lichtkugel vorstellen, die ganz um Sie herum reicht. Sie befinden sich in der Mitte einer beliebig großen Lichtkugel, die Sie komplett umhüllt. Die Größe der Lichtkugel und damit Ihre Abgrenzung hängen stark von Ihrer emotionalen Befindlichkeit ab. Manchmal möchte man sich zurückziehen und einen kleinen Raum um sich herum schaffen, der vielleicht gerade mal so groß ist, um mit ausgestreckten

Armen die Ränder der Lichtkugel zu berühren. Ein anderes Mal ist die Lichtkugel so groß wie ein Zimmer oder sogar ein ganzes Haus. Da diese Abgrenzung nur in Ihrer Vorstellung stattfindet, spielt die Größe keine Rolle, denn Sie sind bei der Erdung nicht an die physikalischen Gesetze gebunden. Achten Sie aber bitte darauf, dass Ihre Lichtkugel geschlossen ist.

An manchen Tagen haben Sie vielleicht ein besonders starkes Bedürfnis nach Abgrenzung oder Sie wissen schon, dass Sie im Lauf des Tages vielen unterschiedlichen Energien ausgesetzt sein werden. Dann können Sie die Lichtkugel zum Beispiel verstärken, indem Sie sie von außen verspiegeln. Die Spiegelfläche zeigt nach außen. So wird alles reflektiert, was Ihnen nicht gut tut. Sie können die Lichtkugel auch mit dem Satz programmieren: „Durchlässig von innen nach außen und geschützt von außen nach innen." Das ist eine sehr kraftvolle Verstärkung der Abgrenzung. Wenn Sie sich jeden Morgen erden und in die Lichtkugel stellen, werden Sie bald schon den Tag völlig anders erleben. Diese feine Abgrenzung aus Licht bewahrt Sie zum Beispiel vor der schlechten Laune eines Kollegen im Büro, so dass Sie bei sich bleiben und in Ruhe den Tag beginnen können.

Die Farbe Schwarz hat übrigens eine enorm abgrenzende Wirkung, weil sie einfach alles wie ein schwarzes Loch schluckt und dadurch auch nichts durchlässt. Den Teilnehmern meiner Workshops empfehle ich, während unserer gemeinsamen Arbeit keine schwarze Kleidung zu tragen, vor allem keine schwarze Wäsche oder schwarze Socken, damit sie sich leichter mit dem morphischen Feld verbinden können.

Wollen Sie einmal am eigenen Leib testen, wie unangenehm mangelnde Abgrenzung sein kann? Dafür brauchen Sie nur in ein Kaufhaus zu gehen. Dort finden Sie eine Flut verschiedenster Energien: Gier, Not, Haben-Wollen, Sich-nicht-leisten-Können,

Angeberei, Geiz, usw. Das Sahnehäubchen oben drauf sind die Scanner der Kassen, deren Laser jegliche feinstofflichen Schichten zerschneiden. Ich kann meist nicht länger als zwanzig Minuten in einem Kaufhaus bleiben. Dann muss ich raus und mich erneut energetisch abgrenzen.

An dieser Stelle sei angemerkt, dass die natürliche Abgrenzung nichts mit dunklen und schlechten Energien oder Mächten zu tun hat. Es geht ausschließlich darum, einen Raum für die eigene Energie, die persönliche Wohlfühlzone zu schaffen, in dem Sie bestimmen können, wer hereindarf und wer nicht.

Grundsätzlich geht es bei der Erdungsübung nur darum, sich zu entspannen und leichter zu sich selbst und zu den eigenen Gefühlen zu kommen. Es geht nicht darum, durch eine bestimmte Sitzhaltung oder eine bestimmte Atemtechnik zur Erleuchtung zu kommen. Dafür braucht es nicht mehr als zehn Minuten ungestörte Zeit.

Die Erdungsübung

(nach Kurt Zyprian Hörmann)

Sitzen

Suchen Sie sich einen bequemen Platz, auf einem Stuhl, einem Sitzkissen oder auf dem Sofa, wo Sie Zeit finden, sich mit sich selbst zu beschäftigen. Am besten setzen Sie sich so hin, dass beide Füße auf dem Boden stehen, damit die Fußsohlen einen satten Kontakt zum Boden haben. Überprüfen Sie, ob Sie, falls Sie im Sitzen üben, lieber vorn an der Stuhlkante bleiben oder ganz bequem die ganze Sitzfläche und die Lehne ausnutzen wollen. Es geht wie gesagt um Entspannung, suchen Sie die für Sie bequemste Position. Ich empfehle Ihnen, die Hände, mit den Handflächen nach oben und offen auf die Oberschenkel zu legen, da dies gleichzeitig die Brust öffnet und Ihnen das Atmen im entspannten Zustand erleichtert. Es hat sich bewährt, die Erdungsübung mit geschlossenen Augen durchzuführen. Da die Reise nach innen geht, fällt es Ihnen als Übenden viel leichter, bei sich zu bleiben. Sollte es Ihnen unangenehm sein, die Augen zu schließen, können Sie gerne eine Kerze oder einen Punkt im Raum fixieren, dies hilft Ihnen ebenso, bei sich zu bleiben.

Erdung funktioniert in jeder Position, im Sitzen, Stehen oder Liegen. Wichtig ist nur, dass Sie es bequem haben. Auch im Auto (natürlich nur als Beifahrer!) oder im Flugzeug (als Passagier!) kann man sich erfolgreich erden. Gerade unterwegs wirkt es äußerst entspannend und unterstützend, wenn Sie gut geerdet sind.

Der nachfolgende Text in kursiver Schrift entspricht der geführten Erdungsübung in meinen Seminaren, und ist deshalb im Du formuliert, um eine möglichst persönliche Atmosphäre zu schaffen, die Ihnen die Reise nach Innen erleichtern soll.

Nimm eine bequeme Sitzposition ein und stell deine Füße auf den Boden. Spüre den Kontakt deiner Füße zum Boden. Ist dieser flüchtig oder richtig satt? Korrigiere ihn, damit du einen stabilen Kontakt hast. Spüre nun den Kontakt über deine Sitzbeinhöcker (Sitzknochen) zu deiner Sitzfläche. Korrigiere deine Sitzposition so, dass du auch hier einen richtig bequemen Kontakt hast. Wenn dich dein Hosenbund, Schmuck, deine Uhr, Brille oder sonst etwas einengt oder stört, nimm es ab. Sei ganz entspannt. Lass deine Schultern los, es gibt jetzt nichts zu halten. Lass deinen Kiefer los, es gibt jetzt nichts, wo du dich durchbeißen musst.

Wenn es in Ihr Weltbild gehört, können Sie sich jetzt auch Hilfe aus der geistigen Welt erbitten.

Bitte jetzt Deine geistigen Helfer, Begleiter, Ahnen, Schutzengel, Krafttiere und sonstige Geistführer um Begleitung und Unterstützung für diese Übung und den heutigen Tag, so dass alles zu Deinem besten Wohle geschieht.

Atmen

Gleichgültig ob Sie meditieren, einfach nur in Stille sitzen oder die Erdungsübung machen, wenn Sie regelmäßig zu Ihrem Atem zurückkehren, fällt es Ihnen immer leichter, die Übung ohne große Gedankenflut zu absolvieren. Je tiefer Sie atmen, umso schneller kommen Sie in den Alphazustand, ein Zustand wacher Entspanntheit, den es für die Arbeit im morphischen Feld braucht.

Gehe jetzt mit deiner Aufmerksamkeit zu deinem Atem. Schau erst einmal, wie tief der Atem in dich einfließt. Bleibt er oben in deiner Brust hängen oder geht er ganz tief, bis in deinen Bauch, bis zu den Sitzknochen? Lass den Atem sanft in deinem Rhythmus ein- und ausströmen – ohne Anstrengung, ganz entspannt.

Der Atem folgt deiner Aufmerksamkeit. Gehe jetzt mit deiner Aufmerksamkeit tiefer zu deinen Sitzbeinhöckern und atme für einen Moment ganz sanft und tief in deinen Bauch, so dass sich deine Bauchdecke deutlich hebt und senkt. Lass dich gleichzeitig mit deinem Atem immer tiefer in dich hineinsinken – in deinen Frieden, in deine Stille. Genieße diese Ruhe und entspanne noch tiefer.

Verwurzeln

Jetzt stell dir vor, wie aus deiner Mitte – deinem Bauch – durch deinen Schritt (zwischen Steißbein und Schambein) nach unten eine Wurzel tief und sanft in die Erde wächst, zuerst durch den Fußboden und dann immer tiefer Richtung Erdkern, dem Herz von Mutter Erde. Lass deine Wurzel achtsam immer tiefer wachsen und sich leicht verzweigen auf dem Weg zum Erdkern, zum Herz von Mutter Erde, und lass deine Wurzel sich dort verbinden. Verankere dich mit dem Erdkern, umfasse ihn, verschmelze mit ihm. Nimm dein Bild, wie du dich mit dem Herz von Mutter Erde vereinigst. Dein Atem strömt nach wie vor sanft und tief in dich ein und trägt dich immer tiefer in deine Mitte.

Jetzt lass aus deinem Becken heraus ein Wurzelgeflecht, ein Wurzelwerk entstehen – es wächst über den Po, die Oberschenkel, die Knie, Schienbeine, die Waden in die Füße, durch jeden Zeh, über die Fußränder, durch die Ferse. Dieses Wurzelgeflecht wächst durch den Fußboden und geht tief in die Erde, es verzweigt sich breit und tief zu einem großen Fächer, um dir bestmöglichen Halt zu geben, und verankert sich dort.

Es kann auch sein, dass Luftwurzeln entstehen, die aus dem Becken, aus den Knien, aus deinen Fingern, den Fingerspitzen in die Erde wachsen, dies ist gewollt, denn sie geben dir zusätzlich Halt und Stabilität.

Mach auch diese Wurzeln kräftig. Auch dieses energetische Wurzelgeflecht ist sehr stabil und zugleich flexibel, es engt dich in keinster Weise in deiner Beweglichkeit ein. Mach nun deine Hauptwurzel noch kräftiger und breiter, sie gibt dir den optimalen Kontakt zum Herz von Mutter Erde.

Jetzt geh mit deiner Aufmerksamkeit zu deinen Füßen und deinen Wurzelspitzen, stell dir vor, wie dein Atem sanft durch sie ein- und ausfließt.

Dann schau, mit welcher Farbe du deine Wurzeln unterstützen magst? Nimm die erste Farbe, die dir in den Sinn kommt – ohne sie zu beurteilen – und durchflute deine Wurzeln damit. Vielleicht sind es sogar zwei, eine Farbe für innen und eine für außen. Gold und Blau sind immer sehr hilfreich.

Abgrenzen

Um dich abzugrenzen, kannst du jetzt eine Lichtkugel aus weißem oder weißgoldenem Licht um dich herum visualisieren. Du bist in der Mitte und die Lichtkugel geht ganz um dich herum. Es kann auch ein Lichtnetz sein. Schau, wieviel Raum du heute brauchst, wieviel Platz du brauchst, damit du dich wohl fühlst. Manchmal reicht es, wenn du die Kugel gerade noch mit ausgestreckten Armen mit den Fingerspitzen berührst. Sie kann aber auch so groß sein wie der Raum, in dem du dich befindest, oder das ganze Gebäude. Es ist eine energetische Lichtkugel, sie ist nicht von den physikalischen Gegebenheiten abhängig. Dies ist deine natürliche Abgrenzung. Mach deine Lichtkugel genau so groß, dass du dich darin wohlfühlst, das kann sich jederzeit ändern. Es geht nicht darum, die Welt draußen zu halten, sondern dir deinen natürlichen Raum zu geben mit dieser Abgrenzung. Achte darauf, dass es eine komplette Kugel ist.

Dein Atem strömt nach wie vor sanft und tief durch deine Füße und deine Wurzelspitzen in dich ein und aus dir heraus, er trägt dich immer tiefer in deine Mitte.

Um deine Abgrenzung zu verstärken, stell jetzt goldene Lichtachsen in dir auf: eine senkrechte von deinem

Scheitel nach unten durch deine Mitte, eine oder mehrere waagerechte und diagonale. So kann ein Lichtkreuz oder ein Lichtstern entstehen – ganz nach deinem Bild –, der Schnittpunkt ist auf Höhe deines Herzens. Schau, wie groß die Lichtachsen sein sollen, und auch, dass du dich wohlfühlst. Die Lichtachsen können durchaus deinen Körper überragen und zum Beispiel bis zu deiner Lichtkugel reichen – mach auch sie so groß, dass du dich wohlfühlst.

Dann füll auch deine Lichtkugel mit einer Farbe deiner Wahl. Nimm die erste Farbe, die dir in den Sinn kommt, ohne diese zu bewerten, und fülle den Raum deiner Lichtkugel mit deiner Farbe. Bleibe bei deinem Atem, atme weiter sanft und tief. Atme durch deine Wurzeln ein und aus – spüre, wie die Erde dich trägt und wie sie dich nährt, sogar der Atem strömt durch deine Wurzeln ein und aus.

Aussteigen

Abschließend gehe noch mal mit deiner Aufmerksamkeit tief in die Erde zu deinen Wurzeln. Lass all die überschüssige Energie, die durch die Verbindung mit den Wurzeln bereits von Mutter Erde zu dir geflossen ist, aber nicht zu dir gehört, durch deine Wurzeln abfließen.

Bevor du zurückkommst, bewege zuerst die Zehen und die Finger. Blinzle ein wenig, bevor du deine Augen öffnest und strecke dich dann kräftig durch. Gehe ein paar Schritte durch den Raum. Sei wieder ganz im Hier und Jetzt.

Hilfestellung beim Erden

Es gibt sehr viele Möglichkeiten, um sich täglich zu erden: ein Blick auf den Boden, mit nackten Füßen über eine Wiese laufen, mit dem Zeigefinger etwa einen Zentimeter unterhalb des Bauchnabels kreisen, gleichgültig in welcher Richtung. Auch Nahrung, die aus der Erde kommt, beispielsweise Kartoffeln, Möhren, Rettich, Rote Beete oder Sellerie, unterstützt den Prozess. Oder wühlen Sie einfach einmal mit den Händen in der Erde.

In den meisten asiatischen Kampfkünsten beginnt der Unterricht mit Erdungsübungen. Dies mit dem Hintergrund, einen guten Stand zu haben, um sich gut verteidigen oder angreifen zu können. Die Betonung liegt auf Stand, also auf dem Kontakt zum Boden. Zunächst physisch, wird der Kontakt zur Erde später – mit etwas Übung – die Ausgangsbasis für die nächste Aktion.

Kennen Sie die lustvollste Art sich zu erden? Es ist ganz einfach: Liebe machen! Erden Sie sich durch sinnlichen, leidenschaftlichen Sex, denn unsere Geschlechtsorgane sind den unteren Energiezentren zugeordnet, die wiederum für die Verbindung zu Mutter Erde stehen und beim körperlichen Liebesspiel intensiv aktiviert werden. Das Ergebnis ist ebenfalls Erdung.

Die größte Falle, in die ein Übender stolpern kann, ist, sich zu genaue Vorstellungen zu machen, was passieren muss: dass bunte Bilder erscheinen oder dass es zu irgendwelchen Körpersensationen wie Kälte, Hitze, Kribbeln oder dergleichen kommt. Bei den meisten Menschen ist dies nicht der Fall. Es kann sein, dass Bilder auftauchen, es kann sein, dass Sie Gefühle haben, es kann sein, dass Ihnen heiß und kalt wird oder dass Sie ein

Kribbeln oder was auch immer verspüren. Wie Sie an meiner Formulierung schon erahnen, kann das alles sein, muss aber nicht. Selbst wenn Sie nichts wahrnehmen, heißt das nicht, dass die Übung nicht funktioniert hat. Der größte Denkfehler, den Sie machen können: sich (mal wieder) mit anderen zu vergleichen, die nach einer Meditation oder Erdungsübung erzählen, was sie alles fühlten und sahen, während Sie nichts erlebt haben. Bitte beherzigen Sie: Meistens ist dieses Nichts schon ganz viel. Mit der Zeit werden Sie bemerken, dass gerade Ihre innere Stimme, das Bauchgefühl oder wie auch immer Sie es nennen, sehr leise ist. Wenn Sie wirklich tief in Ihre innere Mitte eintauchen, werden Sie feststellen, wie friedlich und still es dort sein kann – und allein das ist schon ein großer Gewinn für jeden, der dem geräuschvollen und überfüllten Alltag entfliehen will.

Und noch etwas: Wenn Sie sich hinsetzen, um die Erdungsübung zu machen, hat das nichts mit Trance oder Hypnose zu tun. Es geht nur um eine tiefe Entspannung. Sie werden jederzeit in der Lage sein, die Augen zu öffnen und aufzustehen. Dies ist besonders für die Menschen wichtig, die gerne mit ihrem Kopf alles unter Kontrolle haben wollen. Wenn Sie sich die Zeit für die Erdungsübung genommen haben, und wenn es nur zehn Minuten waren, werden Sie hinterher erleben, wie ruhig und gelassen und vielleicht auch wie erholt Sie sind.

Noch ein wichtiger Hinweis zum Schluss: Mit der Zeit – durch regelmäßiges Üben – stellt sich ein für das morphische Feld wesentlicher Effekt ein, die Wurzeln beziehungsweise die Verbindungen zur Erde und auch die Abgrenzung installieren sich. Erfahrungsgemäß kommt es zu einer solchen „Online"-Verbindung, wenn Sie die Erdungsübung etwa drei bis vier Wochen regelmäßig durchführen. Nach dieser Zeit braucht es nur noch ein Innehalten, einen kurzen Blick nach innen und die Frage:

„Was machen meine Wurzeln oder meine Abgrenzung gerade?“ Und schon wissen beziehungsweise sehen Sie, ob Sie gut geerdet sind oder nicht.

Teil II:

Den Zugang zum morphischen Feld eröffnen

Verbindung zum Feld aufnehmen

Mit MFL wird Fühlen zur Methode, weil wir ebenso sanft wie sicher lernen, gezielt auf unsere Intuition zuzugreifen und ungefilterte (= unbewertete) Informationen aus dem Feld abzurufen. Die Technik des Lesens ermöglicht Ihnen einen ganz neuen Zugang zu Ihren inneren Welten und bietet Ihnen die wundervolle Chance, mehr über das eigene persönliche Lebensumfeld zu erfahren bzw. bestimmte Themen oder Probleme genauer zu beleuchten. Auch wenn jeder Lesende irgendwann seine individuelle Praxis mit MFL findet, ist durch die Methode sichergestellt, dass Sie Zugang zum morphischen Feld finden.

Die praxisnahe Technik ist zwar einfach und für jeden zu erlernen, doch bedarf es in jedem Fall einer professionellen Begleitung. Ich erlebe immer wieder, wie leicht es den meisten Menschen fällt, in die feinstofflichen Ebenen zu kommen, sobald sie geerdet sind. Doch sobald Sie Ihren Zugang zum Feld gefunden haben, beginnen die eigentlichen Herausforderungen, denn es gilt Berührungsängste und Zweifel zu beseitigen. Bisher haben Sie hauptsächlich Ihrem Verstand – Ihrem Denken – vertraut, nun kommt die ganze Welt des Fühlens, Spürens und des Nicht-Greifbaren auf Sie zu. Diese Umstellung wird oft unterschätzt.

Wir sind neugierig auf das, was da kommen kann, und experimentieren herum, um dorthin zu gelangen. Dabei vergessen wir aber, dass uns das, was uns im Feld erwartet, zugleich überfordern kann, weil wir hinterher nicht wissen, wie wir damit umgehen sollen. Ein Beispiel: Im letzten Jahr begegnete ich Olaf, ein junger Mann, der meines Erachtens über die Gabe der Hellsichtigkeit verfügt. Er fragte mich bei unserem Treffen voller Neugier über die Methode aus. Wir kamen in diesem Zusammenhang auch auf das Thema „frühere Leben“ zu sprechen. Er konnte sich das nicht so genau vorstellen, war jedoch brennend interessiert. Ich sagte ihm, dass ich die Technik nur einsetze, um Altes aufzulösen, indem ich dramatischen Geschichten aus früheren Leben beispielsweise eine positive Wendung gebe. Wenige Tage später rief er mich an und erzählte mir, er sei bewusst mit seiner Art der Meditation in ein früheres Leben gekommen: „Es beschlich mich ein vertrautes Gefühl. Das Gefühl, dass mich jemand verfolgt!“ Das kannte er aus seinem jetzigen Leben. Er hatte erwähnt, dass er sich gerade bei Dunkelheit immer wieder umdrehe – im sicheren Gefühl, es sei jemand hinter ihm. So war es auch in den Bildern, die während der Meditation auftauchten. Er wurde verfolgt und am Ende sogar hinterrücks erstochen. Olaf war schockiert, er erinnerte sich aber an meinen Ratschlag, das Bild zum Positiven zu verändern. Dies gelang ihm schließlich. Allerdings kam er im realen Leben überhaupt nicht zurecht damit, dass er hinterrücks ermordet worden war. Das Ganze blieb unfassbar für ihn. Erst in einem längeren Telefonat konnte ich das auflösen, in dem ich ihn darauf hinwies, dass diese Geschichte erstens sehr alt sei und zweitens zum jetzigen Zeitpunkt keine Gültigkeit mehr für ihn habe. Heute erzählt er die Geschichte frei von Emotionen: „Alter Schwede, war das ein Erlebnis!“ Dieses Beispiel zeigt, wie wichtig es ist, professionell begleitet zu werden, gerade dann, wenn es um Lebensbereiche geht, in denen man bisher keine Erfahrungen gemacht hat.

Jeder kann es!

Das schönste an MFL ist, dass es jeder kann, da die Methode ein Teil von uns ist. Wir alle verfügen über Intuition – ohne Ausnahme! –, sie ist die Verbindung zum morphischen Feld. Nur manchmal vertrauen wir ihr nicht, weil die besagten Filter uns zweifeln lassen. In all den Jahren, in denen ich die Methode lehre, gab es noch nicht einen Teilnehmer, dem es nicht gelungen wäre, ins morphische Feld zu gelangen. Es funktioniert bei allen. Dass der eine oder andere immer wieder mal an den Informationen aus dem Feld zweifelt, ist nicht auszuschließen. Es liegt am Einzelnen, wie er die eigenen Zweifel im Griff hat. Die meditative Methode an sich ist einfach: Sie erden sich, Sie grenzen sich ab, Sie verbinden sich mit Himmel und Erde, grenzen sich und Ihr Ego (darauf kommen wir gleich noch zu sprechen) erneut ab und verbinden sich anschließend mit dem morphischen Feld. Klingt doch einfach, oder? Weitere Voraussetzungen sind nicht notwendig. Sie müssen keinerlei Wissen oder Erfahrung haben. Der Verstand kann logischerweise sogar hinderlich dabei sein.

Das Ego außer Kraft setzen

Eine der wundervollsten Nebeneffekte von MFL ist die Erkenntnis, wie oft und wann genau sich unser Ego in unserem Alltag einmischt. Wenn ich von Ego spreche, meine ich nicht den gesunden Menschenverstand, den wir zum (Über-)Leben brauchen und der uns beispielsweise sagt: „Heute ist es kalt, zieh warme Kleidung an." Der gesunde Menschenverstand lässt uns Sachverhalte objektiv beurteilen, entscheiden und auch umsetzen. Dies ist der gute Teil. Doch nun zum Ego. Das Ego repräsentiert den dunklen

Teil in uns, der die Herrschaft schon dadurch übernommen hat, weil er behauptet: „Ich bin du." Das Ego lässt uns unangemessen zweifeln, es treibt uns an und bewertet oder verurteilt. Gegen ein gesundes Ich-Bewusstsein ist nichts einzuwenden. Das benötigen wir wie gesagt zum Leben. Ich meine den pathologischen Teil unseres Verstandes, den Teil in uns, der uns am besten kennt und uns dadurch das Leben zur Hölle machen kann. Weil unser Ego über alles die Kontrolle behalten will, mischt es sich dauernd ein in das, was wir denken und tun. Beim Lesen ist das nicht anders. Ständig versucht das Ego, die Antworten aus dem Feld zu bewerten, zu evaluieren, zu moralisieren und sich damit zum Maßstab aller Dinge aufzuspielen. Deshalb wird das Ego zum hinderlichsten Teil bei der Arbeit mit dem morphischen Feld.

Doch man kann dem Ego beikommen. Wollen Sie einen kleinen Versuch machen? Stellen Sie sich Ihr Ego, diesen besagten negativen Teil, einfach mal bildlich vor, als kleines Männchen, als jungen Hund oder auch – völlig abstrakt – als geometrische Figur. Lassen Sie Ihrer Fantasie freien Lauf. Dann schicken Sie Ihr visualisiertes Ego weg. Nur für eine kurze Zeit. Ja ja, es wird sofort eine Riesendiskussion geben – zwischen Ihrem Ego, Ihren Bedürfnissen und Ihrem Kopf. Lassen Sie sich nicht darauf ein. Seien Sie an diesem Punkt die Herrin/der Herr im Haus und bestimmen Sie, wo Ihr Ego platziert werden soll. Hier ein paar Vorschläge: Sie können es anleinen wie einen jungen Hund, wegsperren oder auch mit etwas beschäftigen. Schicken Sie Ihr Ego beispielsweise in die Wüste, um Sandkörner zu zählen, oder ans Meer, um das gleiche mit Wassertropfen zu tun. Oder Sie schicken es an einen Traumstrand, um sich zu vergnügen. Nur: Seien Sie nicht zu nachgiebig. Sobald Sie das Gefühl haben, Ihr Ego ist gut versorgt, halten Sie inne und spüren Sie, wie sich das Leben ohne Ego anfühlt. Können Sie den Frieden, die Stille und Ruhe, die fehlende Gedankenflut im Kopf wahrnehmen? Genießen Sie diesen Moment! Ihr Ego ist schneller zurück, als Sie denken. Sinn und Zweck dieser kleinen Übung ist, zu erfahren, dass Sie nicht Ihr Ego sind.

Wer häufig im morphischen Feld liest, kann immer deutlicher spüren, wie subtil das eigene Ego ständig mitbestimmt. Es scheint dann manchmal so, als ginge nichts, aber auch gar nichts ohne diesen Teil des Verstandes. Doch das ist nicht wahr. Sagen Sie einfach mal „Stopp!", wenn Ihnen Ihr Ego zu sehr dazwischenquatscht. Sensibilisieren Sie sich für Ihr Ego, dann werden Sie immer schneller mitbekommen, wann Sie nicht als Ganzes entscheiden, sondern nur ein Teil von Ihnen das Ruder führt.

Marc-Oliver machte während eines MFL-Seminars die Erfahrung, wie überaktiv sein Ego agierte. Deshalb schrieb er einen Brief an sein Ego, der ganz wunderbar zusammenfasst, warum es ein Störfaktor bei der Arbeit mit dem morphischen Feld ist, den es auszuschalten gilt:

Mein liebes Ego,

> *heute bin ich soweit. Ich möchte Dir schreiben. Sicher, Du hast es in all den Jahren nur gut mit mir gemeint und immer Dein Bestes für mich gegeben, um mich zu beschützen. Doch in Wahrheit habe ich zugelassen, dass Du mir das Leben, mein Leben, zur Hölle gemacht hast. Und das alles nur, weil ich der Meinung war, dass ich nicht genug Liebe und Zuneigung erfahren habe. Deshalb habe ich freiwillig meinen Platz geräumt und meine Verantwortung abgegeben, damit Du mich vor meinen alten Schmerzen beschützen kannst. Durch diese Entscheidung habe ich jedoch zugelassen, mich nicht mehr selbst zu*

lieben und andere erst recht nicht. Ich habe mir verboten, mich selbst zu lieben, mich selbst zu respektieren. Auch jetzt, in diesem Augenblick, in dem ich mir alles von der Seele schreibe, willst Du mich beschützen, ich spüre gerade meine Konzentration und meinen Schreibfluss schwinden. Ich will und werde mich aber nicht ablenken lassen, sondern weitergehen. Diese Entscheidung habe ich aus meinem Herzen heraus getroffen. Ich lasse Dich jetzt zurück, denn ich will Liebe leben. Zuerst und vor allem will und werde ich MICH endlich wieder lieben. Das bin ich mir selbst schuldig. Ich DARF mich lieben und dieses wunderbare Geschenk annehmen, auf dieser Welt zu sein. Und nicht nur das! Ich darf jede Menge Spaß haben, unendlichen Spaß, und die positive Energie anziehen, die mich auch bei schwierigen Aufgaben sehr gut beschützen kann. Ich darf auch den Überfluss genießen. Ich darf das Leben als Geschenk annehmen, was ich hiermit tue. Ich werde mich jetzt öffnen und mein Licht entdecken. Ich brauche keinen Schmerz und keine Menschen mehr mit schwarzer Energie in meiner Nähe. Ich brauche nur mich und meine wahrhaftige, reine Liebe zu mir selbst. Im Sommer 2010 habe ich zum ersten Mal in Deiner Gegenwart diesen Gedanken ausgesprochen. Doch ich habe Dich aufbegehren lassen und mich fast in meiner Dunkelheit verloren. Doch jetzt ist meine Entscheidung so klar und rein und stark wie nie zuvor. DENN ICH BIN ES WERT. ICH VERTRAUE MIR. ICH BIN EIN WUNDERSCHÖNES LICHT. GROSSARTIG UND STARK. Und kein Buchstabe, Wort oder Satz verführt mich zum Fremdschämen. Im Gegenteil: Ich freue mich über meinen Mut und meine Entscheidung. Warum ich Dir so selbstbewusst gegenübertreten kann? Weil ich nicht nur um meine Engel weiß, die mich wahrhaftig beschützen. Ich habe auch wieder den Weg zu meinem Schöpfer und göttlichen Beistand gefunden, der mich niemals hat fallen lassen. Ich habe sogar zum ersten Mal ein Einhorn vor meinem inneren Auge gesehen. Schön und klar und rein. Kurz, mein liebes Ego, ich bin wieder da. Und ich schicke Dich weg. An einen wunderschönen Ort. An Deinen Ort, der Dir zugedacht ist. Doch zuvor schenke ich Dir einen Platz in meinem Herzen zur Segnung und zur Heilung. Dann gehst Du zu Deinem Platz und ich gehe weiter. Meinen Blick nach vorne gerichtet. Voller Freude und Glück. Am Ende dieser Zeilen bleibt mir nur noch die Bitte, dass mein Schöpfer und meine Engel mir die Kraft geben, diesen Weg zu gehen.

In Liebe,
Dein Marc-Oliver

Diese Zeilen beschreiben liebevoll, sensibel und treffend, welch steinigen Weg jeder Mensch mit seinem Ego zu gehen hat, wenn man ihm unbewusst alle Verantwortung übergeben hat. So lange, bis wir das eines Tages erkennen und das Ruder wieder selbst in die Hand nehmen. Dann lösen wir uns von unserem Ego und damit zugleich von unseren falschen Vorstellungen über uns selbst. Wir sind wieder frei, alles tun zu können, wonach uns der Sinn steht. Diese Lebensqualität kann jeder Mensch erreichen. Das Buch will die Hilfestellung leisten, die es dazu braucht.

Der Alphazustand

Die Entspannung während der Erdungsübung bringt uns in den sogenannten Alphazustand, in dem wir uns auch kurz vor dem Einschlafen und Aufwachen befinden oder wenn wir mit offenen Augen Tagträumen nachgehen. Wir sind geistig klar, aber zugleich vollkommen ruhig und entspannt – und deshalb offen für die stets präsenten, aber im normalen Wachbewusstsein (Betazustand) nicht abrufbaren Informationen aus dem morphischen Feld. Der Lesende, auch Leser genannt, ist also geistig aufmerksam und körperlich ruhig und befindet sich in einem Zustand zwischen Schlaf- und Wachbewusstsein. Er registriert alles, was um ihn herum passiert, beurteilt und analysiert das aber nicht. Den Alphazustand kennen wir alle vom Einschlafen und vom „Dösen", wenn wir beispielsweise am Samstagnachmittag ein Nickerchen gemacht haben. Genau so fühlt es sich an, wenn Sie mit dem morphischen Feld verbunden sind. Der Körper ist schon oder noch müde, doch der Geist ist sehr wach. So, als würden wir im Geiste surfen. Wer in der Methodik fortgeschrittener ist, kann auch im Thetazustand, der dem leichten Schlaf in tieferer Entspannung entspricht, lesen.

Jeder findet seinen persönlichen Zugang zur Methode

Wie kann man sich so ein MFL-Setting vorstellen? Gehen wir einmal davon aus, dass Sie eine Frage haben, die Sie lesen lassen möchten. Dazu treffen Sie sich mit jemandem, der MFL beherrscht oder Sie rufen ihn an. Der Lesende bereitet sich auf die Sitzung vor, indem er sich mit Ihrem Feld verbindet. Anschließend stellt er Ihre Frage laut ans morphische Feld. Er erhält unverzüglich eine Antwort, die er so, wie sie kommt, ausspricht. Als nächstes hinterfragen Sie als Fragesteller die Bedeutung, damit nicht interpretiert werden muss. Der Lesende verfährt wie bereits beschrieben. Am Ende einer Lesung trennt er seine Verbindung zum morphischen Feld. Wer ausreichend Übung mit MFL hat, kann sich natürlich auch selbst lesen. Das nenne ich in meiner Arbeit „Selbstprozess". Dann gilt das gleiche Prozedere: Nachdem Sie sich mit dem Feld auf die dafür geeignete Art verbunden haben, stellen Sie eine Frage ans morphische Feld, Sie erhalten die Antwort, die Sie hinsichtlich ihrer Bedeutung so lange hinterfragen, bis alles klar ist. Anschließend trennen Sie die Verbindung wieder.

Wenn wir nach der Erdungsübung im Alphazustand beginnen, Informationen aus dem morphischen Feld wahrzunehmen, bedarf es unserer ganzen Aufmerksamkeit – und zwar mit allen Sinnen. So individuell wir Menschen sind, so vielfältig sind auch die Möglichkeiten, Zugang zu den Informationen aus dem morphischen Feld zu finden. Obwohl die Methode einen klaren Weg vorgibt, wie es funktioniert, bleibt doch jeder aufgefordert, seinen persönlichen Weg zu finden, um die Informationen am besten wiedergeben zu können.

Um leichter bei sich zu bleiben und sich besser konzentrieren zu können, beginnen Sie nach der Erdungsübung zunächst mit geschlossenen Augen, im morphischen Feld zu lesen. Sobald Sie sich sicherer fühlen, werden Sie auch mit geöffneten Augen konzentriert bleiben. Es sagt nichts über die Qualität des Lesens aus, ob jemand mit offenen oder geschlossenen Augen liest. Bei mir dauerte es fast zwei Jahre, bis ich anfing, mit offenen Augen zu lesen. Ich erlebe aber auch immer wieder, wie Kursteilnehmer bereits nach wenigen Tagen oder Wochen mit offenen Augen genauso sicher lesen wie mit geschlossenen. Wenn Sie mit geschlossen Augen beginnen, berücksichtigen Sie bitte, dies während der ganzen Übung beizubehalten. Oftmals öffnen Anfänger, sobald sie angesprochen werden, ruckartig die Augen. Das ist für das gesamte Körper-Geist-System extrem anstrengend und sollte tunlichst vermieden werden. Mir kam das immer so vor, als würde ich ungebremst auf die Knie fallen. Wenn ich heute für mich oder andere Menschen lese, bleiben meine Augen geöffnet. Kaum jemand nimmt überhaupt wahr, dass ich mit dem Feld verbunden bin, so intensiv ist meine Verbindung. Nur selten schließe ich die Augen für einen kurzen Moment, aber nur, um mich kurzfristig besser konzentrieren zu können. Dass diese Arbeit sozusagen „im Dunklen" stattfindet, mag ungewohnt und anfänglich irritierend sein. Aber Sie werden sich schnell daran gewöhnen.

Übrigens: Je mehr Sie sich anstrengen, um im morphischen Feld zu lesen, umso weniger Informationen fließen. Das einzige, was wächst, ist die Anstrengung. Sonst nichts. Das Zauberwort heißt: geschehen lassen. Aus diesem Grund braucht es zu Anfang die Erdungsübung, weil es neben der energetischen Anbindung auch um Entspannung geht. Denn wer ganz entspannt liest, kann sich vor Informationen kaum retten. Manchmal geschieht es während des Lesens, dass sich der Kanal – die Verbindung zum morphischen Feld – durch die starke Konzentration verengt. Das spürt der Leser und ist aufgefordert, den Kanal zu vergrößern, sprich ihm mehr Raum oder Durchmesser zu geben. Ist das geschehen, strömen die Energie und die Informationen wieder.

Was passiert, wenn ich im Feld bin?

MFL ist leicht, das erkennen Sie bereits an der Tatsache, dass alle Informationen aus dem Feld einfach nur wiedergegeben werden müssen. Es ist also nichts weiter zu tun, als auszusprechen, was kommt. Dieser Sachverhalt ist enorm wichtig für die Reinheit und Klarheit der Antworten, deshalb betone ich das an dieser Stelle noch einmal. Wenn jemand Informationen aus dem morphischen Feld abruft, so hat der Leser sie nur zu wiederholen bzw. wiederzugeben. Die Antworten aus dem Feld erfolgen in der richtigen Form und Intensität, die der Gelesene braucht. Es bedarf also keinerlei Verständnis seitens des Lesers, geschweige denn eine Bewertung oder Beurteilung und schon gar keine moralischen Wertvorstellungen. Der Lesende bleibt neutral, indem er seine Meinung oder Erfahrung zu einem Thema außen vor lässt. Dies ist ein wesentlicher, wenn nicht sogar der wichtigste Bestandteil der Methode. Damit stellen Sie sicher, dass Sie alle Informationen absolut ungefiltert weitergeben bzw. erhalten. Der Leser fungiert letztlich nur als Lautsprecher der Informationen aus dem morphischen Feld.

Meinen größten Durchbruch, als ich selber lernte, im morphischen Feld zu lesen, erlebte ich dank einer einfachen Erkenntnis: Das, was du für jemand anderen liest, kannst du nicht verstehen, da es dessen Geschichte ist. Nachdem ich das verstanden hatte, hörte ich auf, ständig parallel mitzudenken, die Antworten zu evaluieren und für richtig oder falsch zu befinden. Es entspannte mich darüber hinaus, nicht verstehen und nicht mehr tun zu müssen, als alles auszusprechen, was kommt. Wenn Sie es schaffen, sich nur auf die Tätigkeit einzulassen und nicht mehr zu bewerten oder verstehen zu wollen, sind Sie auf dem Weg von Ihrem Kopf zu Ihrem Herzen einen großen Schritt weiter gekommen.

Die Kunst des Fragens

Wenn Sie anfangen, im morphischen Feld zu lesen, werden Sie bald bemerken, dass die hohe Kunst darin besteht, die richtigen Fragen zu stellen. Diese Herausforderung beginnt oft schon damit, dass während einer Lesung eine spannende erste Antwort kommt und Sie vor lauter Aufregung vergessen, diese zu hinterfragen. So erging es Luise. Sie erhielt auf Ruperts Frage nach dem nächsten Wachstumsschritt als Bild einen Baum. Weil sie so froh war, dass überhaupt etwas kam, vergaß sie völlig zu fragen, was der Baum für Rupert bedeute. Es ging um seine Erdung, er sollte sich stärker verwurzeln. Deshalb bitte nicht vergessen: Ganz egal, was für eine Antwort kommt, es gilt, immer alles zu hinterfragen, um zur Ursache der Thematik zu gelangen. Beispielsweise mit folgenden Fragen: Was ist daraus zu lernen? Wie löst man die Problematik am leichtesten auf? Was ist ganz praktisch zu tun? Welche Konsequenzen hat das? Wie bringt es mich weiter? Folgen Sie mit diesen Fragen dem Fluss der Lesung. Es wird wieder eine hilfreiche Antwort kommen, die Sie hinterfragen können und so weiter und so fort.

Fragen Sie sehr weit gefasst, bekommen Sie eine allgemein gehaltene Antwort. Je präziser Sie deshalb die Fragen formulieren, desto präziser fallen auch die Antworten aus. Scheuen Sie sich nicht, die Dinge beim Namen zu nennen. Denn das morphische Feld antwortet nur auf die gestellte Frage. Richten Sie

Ihre Fragen explizit auf den Kern des Themas aus – und bohren Sie im Zweifel tiefer und tiefer.

Ein hohes Maß an Konzentration und eine gewisse Beharrlichkeit, ebenso wie das Gespür, das Sie nach und nach für die Situation entwickeln werden, helfen Ihnen, tiefer in die Thematik einzutauchen. Die Exaktheit, Komplexität und Vielschichtigkeit der Antworten ist immer wieder verblüffend.

Der Wortschatz des Lesers schafft manchmal eine natürliche Begrenzung. Bewegt sich der Fragende in einem speziellen Fachgebiet, dessen Namen, Fachbegriffe oder Spezialausdrücke nicht im aktiven Wortschatz des Lesers vorhanden sind, empfiehlt es sich, mit Ja/Nein-Fragen zu arbeiten. Wie wunderbar das funktioniert, zeigt ein Beispiel aus einem Seminar: Der Programmierer Arne hatte ein Problem mit einer neuen Programmierung. Er wollte während des Workshops seinem Problem auf den Grund gehen. Bei einer Lese-Session mit der Friseurin Petra stellte er ihr, die weder PC-Kenntnisse, noch Programmwissen hatte, Fragen zu seinem Problem, die mit Ja oder Nein beantwortet werden konnten. Petra antwortete also mal mit Ja und mal mit Nein, wie Arne es erwartet hatte. Bei einer Frage antwortete Sie mit Nein, obwohl Arne – der Experte – felsenfest mit einem Ja rechnete. So gelang es einer in Sachen Computertechnologie völlig ahnungslosen Friseurin, die PC-Probleme eines ausgewiesenen IT-Fachmannes mittels MFL zu lösen.

Wie fatal die Auswirkungen sein können, wenn man gänzlich vergisst, das Feld zu befragen, erlebten zwei meiner langjährigen Kunden, Inhaber einer PR-Agentur. Sie ließen sich u.a. regelmäßig die Angebote, die sie verschickten oder präsentieren wollten, von mir lesen. Bei einem Auftrag hatten sie die Details schon weitgehend mit der Fachabteilung ihres Kunden besprochen. Die Vorgespräche verliefen positiv, eigentlich stand schon fest, dass die PR-Agentur diesen Auftrag bekommen würde. Dies war auch der Grund, warum sie sich dieses Mal nicht vorher lesen ließen. Es gab nur noch eine kleine Hürde. Das Angebot sollte vor einem Gremium – einer Art Aufsichtsrat des Kunden – präsentiert werden, das letztlich entschied, sich aber meist auf das Urteil der Fachabteilung verließ. Es schien alles eine sichere Sache zu sein. Nun muss man wissen, dass die Leitung der PR-Agentur aus einem Ehepaar besteht, Christine und Christian, die sich immer wieder bei solchen Präsentationen abwechseln. In besagtem Fall präsentierte Christine. Die Präsentation verlief wie erwartet gut, das Gremium lehnte jedoch ab. Der Schreck saß erst mal tief. Also rief mich das Ehepaar hinterher an und wollte aus dem Feld wissen, was da schief gelaufen war. Ich ging mit genau dieser Frage ins Feld und bekam eine sehr überraschende Antwort: In dem Gremium saßen zwei Mitglieder, die persönliche Schwierigkeiten mit Businessfrauen hatten. Deshalb lehnten sie das Angebot ab. Hätte Christian präsentiert, wäre alles wie vorgesehen glatt gelaufen. Dieses Erlebnis hatte zur Folge, dass die Agentur seitdem konsequent vorher abfragt, wer präsentieren soll, um einer solchen Stolperfalle zu entgehen.

Das Feld antwortet auf alles

Ich erlebe immer wieder, dass das Feld grundsätzlich nur auf die gestellte Frage antwortet und eine mögliche dahinter liegende Absicht völlig außer Acht lässt. Kommt ein Kunde beispielsweise mit der Frage zu mir, ob sein Date heute Abend erfolgreich werde, dann lautet die präzise Antwort darauf meist: Ja. Die Absicht hinter der Frage, die allerdings nicht formuliert wurde, könnte aber beispielsweise sein: Landen wir im Bett? Der Fragende ist deshalb dringend angehalten, seine Fragen so konkret und ehrlich wie möglich zu formulieren, um den maximalen Nutzen aus den Antworten zu ziehen. Ganz nebenbei, das Date des Kunden wurde gerade deshalb erfolgreich, weil die beiden beim ersten Mal nicht im Bett landeten.

Zur Erinnerung: MFL ist nur eine Methode, mit der Sie ein Mehr an Informationen bekommen. Mit diesen Informationen ausgestattet, laufen die Dinge des Lebens allerdings nicht urplötzlich wie von selbst. Nach wie vor entscheiden wir, wie wir handeln und was geschieht. Ich betone das immer wieder, weil sonst vielleicht der Eindruck entstehen könnte, dass die Informationen aus dem morphischen Feld automatisch die ultimative Wahrheit bedeuten und der Empfänger nur noch abwarten muss.

Marianne ließ sich während eines Workshops immer wieder ihre finanziellen Probleme lesen. Die Antworten, die Sie während ihrer vielen Anläufe von verschiedenen Lesern erhielt, waren stets dieselben, die Ratschläge sehr konkret. Wenn sie einen Finanzplan entwickeln, mit den Gläubigern sprechen und neue Zahlungsvereinbarungen treffen würde, wäre sie ihre ärgsten Geldsorgen binnen drei Monaten los. Nach einem Vierteljahr rief sie mich verärgert an: „MFL ist doch totaler Mist. Alle haben mir gelesen, dass sich meine finanziellen Probleme auflösen. Doch heute ist es noch viel schlimmer als damals!" Ich stellte ihr daraufhin nur eine einzige Frage: „Hast du denn gemäß der Antworten aus dem Feld entschieden und getan, was dir gelesen wurde?" – „Nein, wieso?"

Dieses Beispiel zeigt, wie wichtig es ist, selbst zu entscheiden und die Dinge in die Hand zu nehmen. Genau darin liegt das große Potenzial der Methode: Sie behalten jederzeit die Zügel in der Hand und tragen die Verantwortung für Ihr Tun – jedoch stehen Ihnen dank des Feldes wesentlich mehr Informationen zur Verfügung. Das Feld unterstützt uns dabei, Entscheidungen zu treffen. Und sollte Ihnen der Lösungsvorschlag aus dem Feld nicht machbar erscheinen, dann können Sie immer noch die zweitbeste Möglichkeit abfragen.

Welche Antworten kommen?

Die Antworten, die aus dem Feld kommen, sind immer liebevoll, wertschätzend und achtsam. In all den Jahren habe ich es noch nie erlebt, dass die Informationen jemanden überfordert oder sogar verletzt hätten. Das belegt einmal mehr, dass das morphische Feld Leben schützen und mehren will.

Das Bild eines Adlers, der hoch in die Lüfte aufsteigt, um von dort aus einen weitaus größeren Ausblick auf die Landkarte zu haben und allein dadurch schon seine Richtung bestimmen kann, verdeutlicht gut, was für Antworten kommen. Was ich damit sagen will: Das morphische Feld denkt wie ein guter Schachspieler immer einige Spielzüge voraus, weil es maximalen Überblick über die jeweilige Lebenssituation hat. Deshalb wirken die Antworten manchmal wie mehrfach um die Ecke gedacht, weil uns Menschen ein solcher ganzheitlicher Überblick in der Form und Komplexität gar nicht möglich ist.

Als meine Tochter auf der Suche nach einer Lehrstelle war, wurde sie immer wieder abgelehnt, unter anderem auch, weil sie zu jung sei. Eines Abends rief sie mich an, weil am nächsten Tag wieder ein Vorstellungsgespräch stattfand. Ich sollte für sie im Feld lesen, ob sie diese Lehrstelle bekommen würde. Als Antwort kam aus dem Feld ein klares Nein, allerdings mit dem Zusatz, sie solle unbedingt zu diesem Vorstellungsgespräch gehen, da sie für zukünftige Gespräche besonders viel lernen könne. Nach ein bisschen Überzeugungsarbeit meinerseits ging sie also am nächsten Tag zu dem Termin und bekam wider Erwarten die Lehrstelle.

Alle waren überrascht und hocherfreut. Allerdings konnten wir uns die „falsche" Antwort aus dem Feld nicht erklären. Was ich bis zu diesem Tag nicht wusste, war, dass Sie bei allen vorhergehenden Vorstellungsgesprächen unglaublich aufgeregt war. In dem besagten Gespräch, in dem es ja scheinbar um nichts mehr ging, jedoch total entspannt und gelassen blieb. Und genau das gab den Ausschlag dafür, dass Sie die Zusage bekam. Faktisch gesehen war die Antwort aus dem Feld falsch, tiefgründig betrachtet jedoch absolut richtig, weil meine Tochter nur wegen ihrer neuen Haltung die Lehrstelle bekam.

Ganz oft erschließt sich dem Gelesenen erst später, wie wohlwollend und fürsorglich das Feld ihm geantwortet hat. Wie heißt es so schön: Es werden mehr Tränen über erfüllte Wünsche vergossen, als über nicht erfüllte. Jetzt soll aber nicht der Eindruck entstehen, dass über den Kopf des Einzelnen hinweg entschieden wird. Sie bleiben zu jeder Zeit der Entscheider, der handelt.

Manchmal sind die Antworten allerdings erstaunenswert klar und deutlich, weil es für den Empfänger so am besten ist. Der Lesende kann schließlich nicht ermessen, was es wirklich braucht, damit der Gelesene die Antworten bestmöglich annehmen und umsetzen kann. Dies bleibt die Aufgabe des Feldes.

Auch hierzu ein Beispiel aus der Praxis. Dörte, die in einem Workshop eine Frage zu ihrer allgemeinen Gesundheit gestellt hatte, bekam als unmissverständliche Antwort, dass sie, würde sie das Rauchen nicht aufgeben, Krebs bekäme. Betrachtet man diese Antwort mit dem logischen Verstand, mag sie viel zu heftig erscheinen und uns daran hindern, genau das auszusprechen. Der Lesende schluckte deshalb auch erst mal, bevor er dann den Regeln folgend das, was aus dem Feld kam, übermittelte. Als Dörte mir von dem Ergebnis der Lesung erzählte, fragte ich sie, wie es ihr mit dieser Antwort gehen würde. Zu meinem Erstaunen entgegnete sie, dass sie froh über das direkte Feedback sei, weil sie sonst nie das Rauchen aufgeben würde.

Wie die Antworten kommen

In der Regel wird die Antwort auf eine Frage sofort vor Ihrem inneren Auge erscheinen. Das kann ein Bild in Schwarzweiß oder Farbe sein, vielleicht läuft aber auch gleich ein ganzer Film ab, so wie ein Trailer im Kino. Das ist ein faszinierendes Erlebnis. Aus dem Nichts tauchen Bilder auf, die eine Antwort auf die Frage liefern. Doch das ist erst der Anfang.

Entscheidend ist in diesem Moment, sich nicht im Bild zu verlieren, sondern die wahre Bedeutung zu hinterfragen. Erscheint zum Beispiel eine Blumenwiese, kommt es nicht darauf an, jedes einzelne Blümchen und jeden Grashalm bis ins letzte Detail zu beschreiben, sondern die wahre Bedeutung des Bildes für den zu Lesenden herauszufinden. Dabei hilft Ihnen wieder das Prinzip des Hinterfragens. Und am Ende stellt sich vielleicht heraus, dass die Blumenwiese die vielfältigen Möglichkeiten repräsentierte, wie der Fragesteller seine Talente einsetzen könne. Ich wiederhole: Letztendlich ist nur wichtig, dass der Empfänger die Information versteht.

Ein Bild sagt oft mehr als tausend Worte, und der Empfänger der Informationen kann in der Regel damit etwas anfangen. Ich erlebe immer wieder, dass der Fragende, sobald beim Lesen ein bestimmtes Bild als Antwort kommt, nickt, mit dem Hinweis, dass er schon wisse, worum es geht. So ging es auch Roland, als er fragte, was er für seine Gesundheit tun könne. Als Bild tauchte ein Palmenstrand mit türkisfarbenem Meer auf. Er lachte und sagte, dass es höchste Zeit für einen Urlaub sei. Beim Nachfragen ging das Feld jedoch noch einen Schritt weiter, denn es kam der Hinweis, es ginge um eine richtige Auszeit, die mindestens drei Monate betrage, da er sonst unweigerlich auf einen Burnout zusteuere.

Auch Farben – Farbklekse oder sogar mehrere Farben – können als Antworten aus dem morphischen Feld kommen. In diesem Fall braucht es ein sehr genaues Hinterfragen, was damit gemeint sei. Das klingt vielleicht verwirrend, ist letztlich aber ganz einfach, da Sie das Feld jederzeit auffordern können, die Informationen in einer anderen Form, in Worten oder anderen Bildern, zu übermitteln, damit sie eindeutiger werden. Auch aus diesem Grund ist professionelle Begleitung gefragt. Sie werden aber mit ein bisschen Übung immer versierter.

Retro empfing anfänglich beim Lesen die Antworten aus dem Feld in Form von Farben. Er gab sie auch so weiter. Sein Gegenüber konnte aber meist nicht allzuviel damit anfangen. Deshalb bat Retro das Feld, ihm die Antworten in einer anderen Form zu übermitteln. Das geschah auch so. Wenn er jetzt Farben sieht, verstärken diese die Antworten nur. Geht es beispielweise um das Thema Lebendigkeit, erscheinen die Bilder in Rot. Was er natürlich jedes Mal auch hinterfragt.

Häufig tauchen auch Eindrücke, Empfindungen und Gefühle auf. Wenn dem so ist, sollten sie so präzise wie möglich beschrieben werden. Der Lesende empfindet zum Beispiel ein Kribbeln in den Händen, eine plötzliche Enge in der Brust, es wird ihm heiß oder kalt, er fühlt sich schlapp oder aufgeregt.

Auch in diesem Fall lohnt es sich, genau zu hinterfragen, was diese Informationen für den Fragesteller bedeuten. Sie sind vielleicht versucht, diese Empfindungen auf sich und Ihren eigenen Zustand zurückzuführen. Dem ist aber ganz oft nicht so. Die Erfahrung hat gezeigt, dass wir beim Arbeiten im morphischen Feld in Resonanz mit dem Fragenden stehen und deshalb sehr genau spüren können, wie er sich im Zusammenhang mit einem Problem fühlt. Unsere Gefühle liefern damit den Auftakt für eine tiefer gehende Befragung, die in die richtige Richtung führt. Es geht also darum, die genauen Ursachen bzw. den Ursprung dieser Gefühle zu erfahren, um den gelegten Pfad folgen zu können.

Wer regelmäßig liest, entwickelt eine gewisse Übung darin, Gefühle wie Enge, Angst, Unsicherheit, Freude, Aufregung auf unterschiedlichen Ebenen wahrzunehmen. Sollten Sie anfangs unsicher sein bei der Zuordnung Ihrer Empfindungen, hilft die folgende Frage: Sind das meine Gefühle oder sind das die Gefühle des anderen? Mit der Zeit werden Sie ein immer feineres Gespür entwickeln und vom positiven Feedback des Fragestellers profitieren. Das stärkt das Vertrauen in die eigene Wahrnehmung ungemein.

Manche Lesende erhalten die Informationen aus dem Feld in Form von Worten beziehungsweise hören sie Antworten. Auch in diesem Fall hat der Leser nichts anderes zu tun, als das wiederzugeben, was aus dem Feld kommt, und zu hinterfragen. Wenn Menschen die Antworten hören oder empfinden, deutet das oft auf eine Form von Hellsichtigkeit beziehungsweise Hellhörig- oder Hellfühligkeit hin. Das heißt, diese Menschen sind mit einer sehr feinsinnigen Wahrnehmung befähigt, über die ein „gewöhnlicher“ Mensch nicht unbedingt verfügt, auch wenn sich unsere Wahrnehmung in jedem Fall ausbilden und trainieren lässt.

Ganz oft wird Menschen mit dieser Gabe im Umgang mit MFL überhaupt erst bewusst, dass sie diese Fähigkeit besitzen und sie kultivieren können. Hilde bekam immer wieder und ganz plötzlich irgendwelche Informationen aus dem Nichts und konnte sich nicht erklären, woher sie kamen, was damit gemeint war, geschweige denn, für wen sie bestimmt waren. Sie können sich ihre Verunsicherung vielleicht vorstellen. Als sie durch MFL erkannte, das sich diese Informationen mit Hilfe des morphischen Feldes kanalisieren ließen, fiel ihr ein Stein vom Herzen.

Am häufigsten aber passiert es, dass der Leser die Informationen einfach weiß. Kaum ist eine Frage gestellt, kennt der Lesende die Antwort, sie kommt oft sogar wie aus der Pistole geschossen. Sie können sich das wie eine innere Stimme vorstellen, die Ihnen die Antwort souffliert, und das mit absoluter Gewissheit. Verbunden damit stellt sich meist das Gefühl ein, dass das, was als Antwort kam, genau so stimmt und wahr ist. Auf die Gefahr hin, mich zu wiederholen: Auch diese Antworten sind natürlich zu hinterfragen. Auf diese Weise bleibt sichergestellt, dass der Leser sein Wissen, seine Erfahrungen oder Weltanschauungen nicht mit in die Antworten einfließen lässt, sondern nur das wiedergibt, was aus dem morphischen Feld als Antwort kommt.

Jetzt wundern Sie sich vielleicht, warum die Frage nicht sofort umfassend beantwortet wird, sondern immer noch hinterfragt werden muss. Dies hat im Wesentlichen mit dem Leser zu tun. Letztlich engt nur der Lesende den Fluss der Informationen aus dem morphischen Feld ein bzw. behindert ihn. Hört der Lesende auf, „verstehen" zu wollen, was er da gerade liest, fließen die Informationen sofort umfassender.

Bitte sehen Sie es mir nach, wenn ich an dieser Stelle kein einmaliges, explizites Bild von den Antworten und der Art und Weise, wie sie erscheinen, geben kann. Es liegt in der Natur einer Methode, die sich aufs Fühlen und auf Resonanz konzentriert, einen individuellen Zugang einzufordern. Jeder, der MFL ausprobiert, macht deshalb seine ganz eigenen Erfahrungen und entwickelt sich je nach Persönlichkeitsstruktur weiter. Mit der Zeit kann man sehr genau fühlen, welche Informationen Gedanken aus dem eigenen Kopf sind und welche aus dem morphischen Feld kommen. Es klingt unglaublich, doch es ist so:

Es lässt sich genau unterscheiden oder besser gesagt fühlen. Hinzu kommt, dass die Impulse, die Sie beim Lesen intuitiv erhalten, sehr leise und sanft sind. Deshalb braucht es ein bisschen Übung darin, die lauten, verstandesorientierten Gedanken abzuschalten.

Wenn mal nichts kommt

Es kann durchaus vorkommen, dass Sie während eines Leseprozesses plötzlich an einen Punkt kommen, wo keine Informationen mehr fließen. Bei mir erscheint dann beispielsweise ein grauer, nebliger Schleier, der mir anzeigt, dass es keine weiteren Informationen zu dem Thema gibt oder diese noch nicht freigegeben sind. Manchmal schweigt das morphische Feld – zumeist bei Fragen aus dem persönlichen Bereich und ausgerechnet dann, wenn es um wichtige Lernprozesse geht. Keine Sorge: In solchen Fällen treibt das Feld kein böses Spielchen mit Ihnen – es will Sie schützen. Rosemarie lernte MFL, einfach weil sie neugierig war auf die Methode und mit sich selbst arbeiten wollte. Sie hatte zu „allem" Fragen. Unglaublich, wie viele Fragen ihr zu sich selbst und anderen einfielen. Einmal fragte sie, wie sie die Beziehung zu ihrer Großmutter verbessern könne, denn beide konnten ihre gegenseitigen Sticheleien nicht lassen. Aus dem Feld kam nur der Hinweis, dass sie selbst das schon wüsste und keine weiteren Informationen bekäme. Noch während Rosemarie fragte, warum jetzt nichts mehr käme, antwortete das Feld, dass es um Abgrenzung ginge und sie das am leichtesten mit ihrer Großmutter lernen könne. Sie bekam aber keine Hinweise, wie sie das anstellen sollte, denn das war ihr Lernprozess. Natürlich habe ich daraufhin versucht, dem Feld noch ein paar Informationen abzuringen. Doch es erschienen nur surreale Landschaften.

Falls alles schwarz bleibt und keine Antworten kommen, liegt das vielleicht daran, dass keine Erlaubnis zum Lesen erteilt wurde. In meiner Anfangszeit als Coach kam Ottmar zu mir, um sich seine Beziehung lesen zu lassen, die sich etwas schwierig gestaltete. Ich begann wie immer mit den Vorbereitungen fürs Lesen, entspannte mich, er stellte die Frage, doch es kam einfach nichts. Nach einer Weile wurde ich unruhig. Da kam mir der Gedanke, das Feld zu fragen, warum nichts geschehe. Die Antwort war überraschend einfach: Da Ottmar Angst vor den Antworten hatte, verweigerte er mir innerlich, die Fragen für ihn zu lesen. Erst als ich ihn aufforderte, mir die Erlaubnis ausdrücklich zu erteilen, kamen – und das sofort – zahlreiche Informationen. Seine Angst war völlig unbegründet, und er ging mit hilfreichen Tipps, wie er seine Beziehung wieder ins rechte Lot bringen konnte.

Information oder Interpretation?

Wenn Sie die Methode richtig und respektvoll umsetzen, sind Sie angehalten, jede Art von persönlicher Einmischung zu vermeiden. Der Lesende beschönigt nichts, er hält nichts zurück, er interpretiert nichts.

Angenommen, Sie erhalten als Antwort auf eine Frage das Bild eines roten Autos, dann kann das für den Fragenden der Traumwagen (roter Ferrari) sein oder ein traumatisches Symbol, weil er mit einem roten Wagen mal verunglückt ist. Interpretiert der Leser das Bild nach seiner Vorstellung, verfälscht er damit die wahre Bedeutung und verhindert darüber hinaus, dass der Fragesteller weitere, wichtige Informationen erhält. Gleichgültig, welche Antwort kommt, es ist entscheidend, nicht zu interpretieren oder zu deuten, sondern stets die wahre Bedeutung für den Fragenden im Fokus zu behalten.

Während eines Workshops lasen Gudrun und Katja miteinander ihre persönlichen Themen, die sie gerade beschäftigten. Katja fragte, was sie für einen sehr guten Freund, der schwer krank war, tun könne. Das Bild, das kam, zeigte den Freund erhängt in einem Zimmer. Das war zu viel für die beiden. Sie brachen die Session sofort ab und kamen völlig aufgelöst zu mir, weil Sie glaubten, dieses Bild sei real und Sie müssten sofort etwas tun. Die erste Frage, die ich ihnen stellte, lautete: „Habt ihr das Bild hinterfragt?" Natürlich nicht! Nachdem sie sich wieder mit dem morphischen Feld verbunden hatten, fragten sie also nach, was das Bild des erhängten Freundes zu bedeuten habe. Die Antwort war eindeutig und zeigte, dass es keinen Grund gab, panisch zu reagieren: Er habe sich aufgegeben und wolle nicht mehr gegen seine schwere Krankheit ankämpfen. Deshalb könne Katja nichts tun, außer ab und zu für ihn da zu sein. Dieses Beispiel mag hart klingen, aber es macht sehr deutlich, wie wichtig es ist, zu hinterfragen statt zu interpretieren. Die Deutung der Antwort führte Katja und Gudrun in eine Richtung, die mit der Wahrheit nicht im Geringsten zu tun hatte.

Das morphische Feld kennt keine Zeit

Sie werden sehen: Beim Lesen verlieren Sie jegliches Zeitgefühl, weil Sie sich in einer Art zeitlosem Raum befinden und mit allen Sinnen so sehr bei der Sache sind, dass Sie die Zeit aus den Augen verlieren. Was Ihnen wie zehn Minuten vorkam, dauerte in Wirklichkeit vielleicht eine Stunde.

Ganz besonders ist dies zu spüren, wenn die Arbeit zu Ende ist und Sie wieder ins normale Wachbewusstsein zurückkehren. Das fühlt sich in etwa so an, als würden Sie aus einem sehr angenehmen und wie gesagt völlig zeitlosen Raum auftauchen. Ich habe noch niemanden getroffen, der diesen Zustand als unangenehm empfunden hätte. Im Gegenteil, MFL hat die Qualität einer tiefen Meditation, in der man ganz bei sich ist, sich mit der eigenen Wahrheit verbunden fühlt und eine bedingungslose Liebe und Ruhe spürt. In diesem Raum herrschen Stille und Frieden, die jeden gleichermaßen erfassen und tief berühren, der sich darin befindet. Schon allein für dieses Gefühl lohnt sich jede Lesung.

Doch dies ist nicht das einzig spannende Phänomen. Wie in Teil 1 bereits beschrieben, befindet sich das morphische Feld gemäß den Erkenntnissen der Quantenphysiker jenseits der ersten vier Dimensionen in der fünften Dimension. Die Zeit gehört als Größe jedoch den ersten vier Dimensionen an. Dies bedeutet, dass Zeit, sobald man sich innerhalb des morphischen Feldes bewegt, keine Rolle mehr spielt. Deshalb kann man sich auf der Zeitachse in beliebiger Richtung hin- und herbewegen. Sie können also auch in Ihre Vergangenheit reisen. Wie weit so eine Reise geht, entscheidet letztlich die Weltanschauung des Fragestellers. So eine Reise in die persönliche Vergangenheit kann bis zur Geburt beziehungsweise bis zur Zeugung gehen, aber auch darüber hinaus.

Viele unserer einschränkenden Verhaltensweisen, Glaubenssätze, Muster, Erfahrungen, Wünsche, Hoffnungen, Ängste und Befürchtungen werden in der Kindheit oder frühen Kindheit geprägt. Wir verhalten uns deshalb oft auch noch als Erwachsene nach diesen kindlichen Mustern, ohne uns dessen bewusst zu sein. Um störende Verhaltensweisen oder Ängste zu ergründen, ist es sehr hilfreich, die Ursachen in der Kindheit zu suchen. Die richtigen Fragen an das morphische Feld führen uns über die Antworten automatisch zur Ursache, ganz gleichgültig, in welcher Phase unseres Lebens die Prägung stattfand. Wenn klar ist, was damals passierte und welches einschränkende Verhaltensmuster daraus entstand, können wir uns im gegenwärtigen Moment neu entscheiden und damit das alte Verhaltensmuster auflösen. Sobald wir uns bewusst machen, welche Auswirkungen diese alten Muster, auf uns haben, verstehen wir unsere Verhaltensweisen im Jetzt und sind damit in der Lage, uns neu zu programmieren, damit sie uns im jetzigen Leben nicht mehr hinderlich, sondern dienlich sind.

Das gilt auch für frühere Leben. Es ist genauso möglich, in die Vergangenheit zu schauen, um etwas, das uns behindert oder einschränkt, aufzulösen. Es geht nicht darum, voyeuristisch in frühere Leben zu surfen oder herauszufinden, wer Sie einmal waren. Es gibt schon zu viele Kleopatras und Cäsars.

Bei den Eskimos gibt es den Glauben an Reinkarnation nicht. Sie benutzen dafür ein Bild. Der Geist bzw. Spirit eines jeden Menschen lebt sieben Generationen lang in den Nachfahren weiter. Das heißt, die Informationen sind mindestens 14 Generationen lang präsent. In mir die sieben vorangegangenen und meine Erfahrungen in den kommenden sieben Generationen. Es geht also keine Information verloren. Mir persönlich gefällt dieses Bild sehr gut, gerade weil es so bildhaft zeigt, wie wir miteinander verbunden sind.

Das Phänomen der Zeitlosigkeit ermöglicht uns auch, ein Stück weit in die Zukunft zu gehen. Da MFL immer nur eine Momentaufnahme zeigt, also für den Zeitpunkt des Fragens gilt, kann auch der kurze Blick in die Zukunft nur aus dem jetzigen Moment heraus betrachtet werden. Vorausgesetzt, dass alle zukünftigen Entscheidungen von Ihnen auch zeitnah getroffen werden, sodass die jetzige Antwort, sprich die Momentaufnahme, so eintreffen kann. Bestenfalls überprüfen Sie diese immer wieder, indem Sie das Thema erneut lesen lassen. Als relativ leicht zu erfassendes Zeitfenster zur Vorausschau hat sich maximal ein halbes Jahr bestätigt. Vergessen Sie aber nicht: Der Fragende erhält nur die Antworten aus der Zukunft, die für ihn zum heutigen Zeitpunkt hilfreich und unterstützend sind.

Auch dazu ein Beispiel aus meiner Praxis: Nikolaus, der mit seiner Freundin Michaela seit einigen Jahren zusammenlebte, hatte den Wunsch, zu heiraten. Um jedoch absolut sicher zu gehen, dass seine Freundin die Richtige ist und alles wirklich gut laufen würde, bat er mich, ihm einige Fragen aus dem Feld zu lesen. Alles kam zu seiner vollsten Zufriedenheit. Als ich die Abschlussfrage stellte, ob es noch eine weitere wichtige Information für ihn gäbe, kam als Antwort, dass die Hochzeit Mitte August des gleichen Jahres stattfinden sollte. Nikolaus fiel aus allen Wolken, denn es war schon Ende April, und er hatte Michaela noch nicht einmal einen Antrag gemacht. Außerdem wollte er für die Trauung einen ganz bestimmten Priester und für die Hochzeitsfeier eine ganz bestimmte Gaststätte. „Das kann so auf gar keinen Fall funktionieren", rief er. Letztendlich fand die Hochzeit wie angekündigt Mitte August statt, da der Pfarrer und die Gaststätte nur noch in diesem Monat einen Termin frei hatten. Es war ein wunderschönes Fest.

Allerdings sind die Zeitangaben nicht immer so genau wie in diesem Fall. Ganz oft lassen sich genaue Daten oder Termine nur sehr schwer erfragen. Davon kann Sabine ein Lied singen. Nach einigen Jahren des Single-Daseins sollte ich für sie lesen, wann ihr Traummann endlich in ihrem Leben erscheinen und sie in einer glücklichen Beziehung leben würde. Sogleich kam als Antwort aus dem Feld, dass es noch etwa zwei Jahre dauern würde, sie dann einem dunklen Lockenkopf über den Weg liefe, den sie eindeutig als ihren nächsten Partner erkennen würde (der Originalwortlaut hieß: „wie wenn dich ein Bus streift"). Damit war sie zunächst zufrieden. In den folgenden Monaten bat sie mich allerdings immer wieder, doch noch mal nachzuschauen, ob sich nicht vielleicht schon eher etwas tun würde. Die Informationen wiederholten sich jedes Mal. Nach ungefähr einem Jahr kam als weiterer Hinweis, dass sie diesen Mann schon kenne, aber noch nicht gesehen hätte. Das alles half ihr nicht wirklich weiter, und sie musste sich in Geduld üben. Wieder eineinhalb Jahre später bekam ich eine SMS von ihr mit dem Inhalt: „Der Lockenkopf ist inzwischen grau geworden." Sie sei sich aber sicher, schrieb sie, dass er der angekündigte Traummann sei.

Im darauffolgenden Telefonat erzählte mir Sabine, wie alles kam: Sie war selbständig und arbeitete für einen großen Kunden, bei dem sie ausschließlich mit der Marketingabteilung zu tun hatte. Immer wieder war vom Entscheider, dem Aufsichtsratsvorsitzenden dieser Firma, die Rede. Alle Entscheidungen über die größeren Budgets traf letztlich er. Sabine nannte ihn immer „das Phantom", weil zwar alle von ihm sprachen, ihn aber keiner bisher zu Gesicht bekommen hatte. Als wieder einmal eine große Entscheidung anstand, nahm sich Sabine ein Herz und rief direkt beim Aufsichtsratsvorsitzenden an. Sie erreichte ihn sofort. Er kannte sie ebenfalls nur vom Hörensagen. Um diesen Zustand zu beenden, vereinbarten Sie einen Termin. Das gemeinsame Mittagessen dauerte weit länger als dies gewöhnlich für ein Business Lunch üblich ist. Denn zum einen hatte er die Locken, die nun ergraut waren, und zum anderen sprang bei beiden sofort der Funke über. Sie sind bis heute ein Paar.

Sich vom Feld trennen

Kommen wir nun zum Abschluss einer Lesung. Bevor Sie das Feld verlassen, sollten Sie immer die folgende Abschlussfrage stellen:

Gibt es abschließend noch eine wichtige Information zu diesem Thema? Falls ja, welche? Das gewährleistet, dass Sie das jeweilige Thema hinreichend bearbeitet haben, damit der Fragende nach der Lesung die Informationen aus dem Feld nutzen kann. Manchmal zeigt sich erst mit dieser Frage der rote Faden oder die Essenz der Lesearbeit.

Um schließlich aus dem morphischen Feld auszusteigen, sagen Sie laut: „Ich lasse alle Bilder, Worte und Empfindungen los!" Damit löst sich die Verbindung zum Feld auf. Um sich von allen Energien zu trennen und zu klären, ist es dringend notwendig, sich erneut zu erden. Gehen Sie noch einmal ganz bewusst in Ihre Wurzeln und lassen Sie all die überschüssige Energie als Segen und Dank an Mutter Erde wieder abfließen. Bevor Sie wieder ganz ins Wachbewusstsein zurückkehren, bewegen Sie erst die Zehen und Füße, dann die Hände und die Finger. Danach blinzeln Sie ein paar Mal, bevor Sie die Augen wieder öffnen. Strecken Sie sich kräftig durch und gehen Sie ein paar Schritte im Raum.

Die häufigsten Fragen rund ums morphische Feld

Kann ich die Lottozahlen lesen?

Wenn Sie MFL nutzen möchten, um sich als der nächste Lotto-Millionär feiern zu lassen, muss ich Sie leider enttäuschen. Selbstverständlich kann man die einzelnen Zahlen lesen, kurz bevor die Kugeln fallen. Doch erstens sind in diesem Augenblick die Annahmestellen längst geschlossen, und zweitens wirken im Moment der Ziehung die Energien der unterschiedlichen Interessen (beispielsweise Gier und Gewinnstreben) all derer, die gewinnen wollen. Das beeinflusst zwar den Leseprozess selbst nicht, aber wir können die sich in weniger als Sekundenbruchteilen vollziehenden energetischen Veränderungen nicht mehr erfassen.

Kann ich verlorene Dinge wiederfinden?

Ein schwieriges Thema, dass sich nur damit erklären lässt, dass es auch bei MFL unterschiedliche Begabungen gibt. Vor zwei Jahren rief mich Rudolf an und bat mich, im morphischen Feld zu lesen, wo sein Koffer abgeblieben sei. Er kam gerade aus einem Asienurlaub und hatte ihn auf dem S-Bahnhof kurz abgestellt, um auf dem Fahrplan die Abfahrtszeiten des nächsten Zuges zu checken. Währenddessen sei ihm der Koffer gestohlen worden. Er wollte nun von mir wissen, ob er ihn wiederbekäme. Es ging ihm weniger um den Wert des Inhaltes, als um ein paar persönliche Erinnerungsstücke und Geschenke. Die Auskunft aus dem Feld lautete, dass er den Koffer wiederbekäme, es aber etwas dauern würde. Dies ist bis heute nicht geschehen. Zum Zeitpunkt des Lesens hatte der Dieb vermutlich noch nicht endgültig entschieden, was er mit dem Inhalt des Koffers machen würde. Wie gesagt: Die Antworten aus dem Feld sind immer eine Momentaufnahme. Es ist heute noch Running Gag zwischen uns, wenn er mich wieder mal fragt, wann denn nun der Koffer käme.

Bei Alwin hingegen lief es anders. Er bat mich zu lesen, wo sein Geldbeutel abgeblieben sei. Er wusste nämlich nicht, ob er ihn verloren hatte oder ob er gestohlen worden war. Als er ihn nach einem Kneipenbesuch an der Straßenbahnhaltestelle herausholen wollte, war der Geldbeutel weg. Dabei hatte er in der Kneipe gerade noch bezahlt. Das Beispiel von Rudolf im Hinterkopf sagte ich ihm gleich, dass das Auffinden von verlorenen Sachen nicht meine Stärke sei, weil man dazu genaugenommen hellsichtige Fähigkeiten braucht. Aus dem Feld kam die Antwort, dass der Geldbeutel aus seiner Umhängetasche gestohlen worden war. Er solle sich keine Gedanken machen, am kommenden Mittwoch werde er den Geldbeutel samt Inhalt nur ohne Bargeld beim Fundbüro abholen können. Ich war ebenso wie Alwin einigermaßen überrascht über diese klare Antwort. Alwin ließ daraufhin sofort alle seine Karten sperren. Am Mittwoch der drauffolgenden Woche rief er mich mittags an. Das Fundbüro der Stadt München habe ihn gerade angerufen und mitgeteilt, dass sein Geldbeutel in einem Mülleimer gefunden worden sei und auf seine Abholung warte.

Bleiben die Informationen aus dem Feld in mir gespeichert?

Bei jeder Lesung fließen eine Menge Informationen durch den Lesenden. Ich kenne allerdings nur sehr wenige Leser, die diese Inhalte abspeichern. Für gewöhnlich laufen die Informationen einfach durch. Sie werden ausgesprochen, so wie sie kommen. Wenn ich beispielsweise Wochen nach einer Lesung zufällig einen Klienten treffe, für den ich gelesen habe, und er mir erzählt, wie alles eingetroffen oder welche Veränderungen sich aus der Lesung für ihn ergeben hätten, dann stehe ich meist achselzuckend da und kann mich an nichts erinnern. Aus diesem Grund erkläre ich meinen Kunden schon zu Beginn einer Lesung, dass ich mir nichts merken werde. Darüber hinaus darf man nicht vergessen, dass MFL nur Aussagen für den jeweiligen Moment gibt. Deshalb empfiehlt es sich ohnehin, bei Bedarf neu zu lesen, um sich auf neuesten Stand zu bringen.

Muss ich zum Lesen medial veranlagt sein?

Nein, mediale Fähigkeiten sind nicht notwendig, um im morphischen Feld zu lesen. MFL ist als Methode sehr praktisch und uneingeschränkt alltagstauglich. Das ist auch der Grund, warum ich die Methode so schätze. Ich kann mich jederzeit mit dem Feld verbinden und bekomme sofort eine Antwort, egal auf welche Frage. Von „außen“ Rat zu holen ist nicht mehr notwendig, weil ich alle Antworten in mir trage und dank MFL jederzeit einen unmittelbaren Zugang dazu finde.

Gerade für Menschen, die die Gabe der Hellsichtigkeit, Hellfühligkeit oder der Hellhörigkeit haben, bedeutet MFL oft eine Erlösung. Manche Menschen wissen um ihre Begabung und leiden darunter, weil sie das, was in ihnen steckt, nicht einordnen können. Während andere ihre Fähigkeiten und Talente erstmals durch MFL entdecken. Vertrauen ist der Schlüssel dazu, die eigenen Talente zu nutzen. Die Erfahrung, dass das eigene Potenzial etwas Positives für sich selbst und für andere bedeutet, hat unschätzbaren Wert. Mit MFL lässt sich eine solch wichtige Erfahrung in einem sicheren Rahmen machen, weil es leichter fällt, die eigene Begabung zu kultivieren. Damit meine ich, sie präzise einsetzen zu können, zu jeder Zeit und, was mindestens genauso wichtig ist, sie auch abzustellen, wenn man es möchte oder wenn es notwendig ist.

Hat MFL etwas mit Wahrsagen zu tun?

Morphisches Feld Lesen hat nichts mit Wahrsagen oder Hellsehen zu tun. Dafür bedarf es, wie schon gesagt, einer Begabung. Ich habe viele Menschen kennengelernt, die über diese Gabe verfügen, aber oftmals darunter litten, da ihnen niemand einen kultivierten Umgang damit zeigen konnte. Für diese Menschen ist MFL eine gute Unterstützung, um ihre großartigen Fähigkeiten gezielter einsetzen zu können.

Ich möchte Ihnen gern an dieser Stelle ein Beispiel geben, das den Unterschied zwischen Lesen und Hellsehen verdeutlicht: Stellen Sie sich vor, Sie machen einen Ausflug in einen Vergnügungspark, und Ihre Kinder wollen auf einmal den Turboloop fahren, ein ziemlich wagemutiges Fahrgeschäft. Ihr Bauchgefühl warnt Sie schon vorneweg und lehnt es ab. Um aber sicher zu gehen, nutzen Sie in diesem Augenblick das Lesen. Sie erden sich kurz, verbinden sich und stellen folgende Frage ans Feld: „Ist es gut, wenn die Kinder in diesem Fahrgeschäft mitfahren?" Die Antwort ist ein kurzes und klares Nein. Damit bestätigt sich

Ihr Gefühl. Wären Sie zufällig in Begleitung eines Hellsehers und würden ihm dieselbe Frage stellen, erhielten Sie als Antwort eine Beschreibung dessen, was er sieht: Wie die Kinder in das Fahrgeschäft gehen, wie sie erst viel Spaß haben, wild umher geschleudert werden und dann aus dem Wagen herausfallen und sich verletzen. Hellsehen geht tiefer in ein Geschehen hinein und kann den Verlauf einer Geschichte vorhersehbar machen, während das Lesen eine kurze und klare Antwort liefert, ohne die Details aufzuzeigen. Entscheiden Sie, was für Sie ausreichend ist.

Sobald die Sprache auf eine sogenannte „meditativen Methode" kommt, tauchen zwangsläufig auch Begriffe wie Hypnose, hypnotische Trance, Trance oder Telepathie auf. Mit all dem hat MFL nichts zu tun. Wie bereits beschrieben, gelangt der Leser durch Entspannung in den Alphazustand, in dem er zu jeder Zeit vollkommen geistig klar handlungsfähig ist. Er ist einfach nur tief entspannt.

Der Zugang zu einer übersinnlichen Begabung mag sich durch MFL manchmal öffnen. Solche Beispiele habe ich mehrfach erlebt. Zwei katholisch getaufte Schwestern aus Niederbayern bekamen einen Gutschein für einen Basisworkshop MFL von ihrem Bruder zu Weihnachten geschenkt. Sie kamen gänzlich unbedarft, aber neugierig zum Workshop und entdeckten während der Arbeit mit der Methode ihre hellsichtigen bzw. hellfühligen Fähigkeiten. Durch die energetische Anbindung begannen sie während des Workshops völlig unvermittelt, Durchsagen von Erzengeln und Jesus zu machen. Die übrigen Teilnehmer waren zunächst irritiert, als sie jedoch genauer hinhörten und die tiefgründigen Inhalte und die spürbar bedingungslose Liebe wahrnahmen, verloren alle Zweifel sofort ihre Kraft. Die Intensität und Absichtslosigkeit, in der das alles stattfand, war zutiefst berührend, glaubwürdig und im positiven Sinne erschütternd. Die Ansagen, die über die beiden Schwestern kamen, berührten uns alle tief im Herzen und machen es uns leicht, die Worte zu glauben und anzunehmen. Die beiden wussten zunächst selbst nicht, wie ihnen geschah. Da beide seit Jahren ein sehr religiöses und spirituelles Leben führten, hatten sie tief in ihrem Inneren schon eine Ahnung, dass dies eines Tages passieren könnte. Der Impuls zu sprechen war immer wieder da gewesen, sie hatten ihn jedoch aus Angst, für verrückt gehalten zu werden, unterdrückt. Der sichere Rahmen des Workshops ermöglichte es ihnen schließlich, die eigenen Fähigkeiten zuzulassen und sich damit wohl und sicher zu fühlen. Zwischenzeitlich empfinden sie das als völlig normal und stellen sich ohne Wenn und Aber in den Dienst ihrer Berufung. Es beeindruckt mich jedes Mal wieder zutiefst, wenn sie eine Botschaft aus ihrer geistigen Welt kundtun.

Was auch immer der Ursprung des göttlichen Funkens in einem Menschen ist, mit MFL lässt er sich höchstens entdecken und leben. Ziel der Methode ist lediglich, Vertrauen und Sicherheit in die eigene Wahrnehmung zu gewinnen, die weit größer ist, als der Einzelne gemeinhin annimmt.

Bin ich jetzt in der Sekte?

Nein. Dem Himmel sei Dank dafür, denn sonst wäre ich ja ein Guru. Ich erfahre aber durch die Arbeit mit MFL immer wieder, dass es kein Lehrer-/Schülerverhältnis gibt, weil Leser und Fragesteller auf einer Ebene stehen und ständig voneinander lernen können. Egal ob der Leser der Coach ist, wie in meinem Fall, oder ein Seminarteilnehmer. Vielleicht wiederhole ich mich an dieser Stelle: Nur weil MFL so einfach funktioniert und damit alltagstauglich ist, bin ich so begeistert von der Methode. Sie ist nicht an eine Religion oder Glaubensrichtung, nicht an Dogmen, Weltanschauungen oder sonstige Ideologien gebunden.

MFL ist ein neutraler Universalschlüssel, der sich mit neutralen Informationen befasst, die Hilfe im Alltag bieten. MFL ist auch streng gläubigen Menschen zugänglich. Im Mittelpunkt stehen das Individuum und sein Leben. Das Feld folgt dem Gesetz der Resonanz: Geht es dem Einzelnen gut, ist das die beste Voraussetzung dafür, dass es auch den Menschen in seinem Umfeld gut gehen kann. Dieser Universalschlüssel hilft uns Menschen ganz natürlich zurück in die Selbstverantwortung. Wenn sich all unsere Fragen auf so einfache Weise beantworten lassen und wir dadurch unsere eigene Wahrheit erkennen, wenn wir unser Licht und unseren Schatten erfahren, wenn wir intensiv mit unseren Gefühlen in Kontakt stehen und schließlich unsere eigene Schönheit erleben, können wir nicht mehr so weiterleben wie bisher.

Hat MFL etwas mit Geistwesen zu tun?

Weil wir uns während des Leseprozesses in einem sehr entspannten Zustand – ähnlich einer tiefen Meditation – befinden, ist unsere Wahrnehmung offen dafür, alles aufzunehmen, was sich im feinstofflichen, sprich nicht greifbaren Bereich befindet. Dazu gehören auch Ahnen, Engel, Schutzengel, geistige Helfer, Geistführer, Krafttiere, um nur einige zu nennen. Was der Einzelne wahrnimmt, hat im Wesentlichen mit seinem Weltbild und seiner Vorstellung von der geistigen Welt zu tun. Wem beispielsweise der Schamanismus fremd ist, der wird kaum Krafttiere wahrnehmen.

Der Grönland Schamane Angaangag sagt: „Unsere Ahnen sind nur eine Armlänge von uns entfernt und jedes Mal, wenn wir uns an sie erinnern, kommen alle zusammen und feiern ein Fest." Ich erlebe häufig, dass Teilnehmer meiner Workshops durch MFL

Zugang zu ihren Ahnen bekommen, was nicht mehr bedeutet, als dass sie mit ihnen in Verbindung stehen. Das geschieht natürlich nur, wenn sie es wollen. Denn das wichtigste Gesetz, das alle geistigen Wesen einhalten müssen, lautet: Sie haben den freien Willen des Menschen absolut zu respektieren. Nach meiner Erfahrung ist das auch so. Unsere Vorfahren stehen uns mit ihrem Wissen und ihrer Erfahrung zur Verfügung. Viele Menschen fühlen sich geschützt und sicher, wenn sie mit ihnen in Kontakt stehen. Da ist jemand, an den man sich jederzeit wenden oder mit dem man sogar ein Zwiegespräch führen kann, um nach Rat zu fragen.

Im Zustand tiefer Entspannung tauchen dann beispielsweise plötzlich Bilder aus der Vergangenheit auf, die im Zusammenhang mit einem bestimmten Ahnen stehen. Keine Angst, das hat nichts mit Tischerücken oder magischen Riten zu tun. Sie spüren nur, dass da noch jemand ist. Das mag anfänglich etwas gewöhnungsbedürftig sein, wird aber schnell vertraut werden, wenn Sie es zulassen. Wollen Sie diese Art der Wahrnehmung nicht haben, reicht es, ein einfaches „Stopp!“ laut auszusprechen.

Ist MFL ein Freibrief zum Spionieren?

Wenn Sie für jemanden im morphischen Feld lesen, sollten Sie immer klären, ob Ihr Gegenüber Ihnen auch die Erlaubnis dazu erteilt hat. Es lohnt sich manchmal, nachzuhaken, um Missverständnisse zu vermeiden. Damit schieben Sie außerdem dem Irrglauben den Riegel vor, der Mensch wäre gläsern, sobald jemand die Methode MFL beherrscht. Im morphischen Feld lesen bedeutet nicht, dass man andere ausspionieren kann – frei nach dem Motto: „Heute Abend läuft nichts Besonderes im Fernsehen, also schaue ich doch mal, was bei den Nachbarn so los ist.“ Zum

Glück ist das nicht möglich, denn das Feld setzt klare Grenzen, damit die Intimsphäre des Einzelnen stets gewahrt bleibt. Wie oben bereits beschrieben, wird es dann neblig oder alles bleibt einfach schwarz. Auf Nachfragen kommt in der Regel die lapidare Antwort, dass die Erlaubnis fehle.

Eine Ausdehnung der Erlaubnis, um über eine dritte Person Informationen aus dem Feld zu bekommen, findet in der sogenannten „Schnittmenge" statt. Diese beinhaltet nur die Themen, die Sie mit einer bestimmten Person, einer Firma oder einer Organisation teilen. Ein Beispiel: Wenn mich eine Firma als Coach engagieren möchte, setze ich mich nach der ersten Kontaktaufnahme immer erst einmal hin und lese, ob dieser Auftrag gut für mich ist. Es könnte ja sein, dass die Firma mich nur als Alibicoach will, weil die Methode so schön exotisch klingt. Ich möchte im Vorfeld in Erfahrung bringen, wie genau die Aufgabe aussieht, ob ich der Richtige dafür bin, was das tatsächliche Problem ist und wie hoch sich das Budget für diese Coaching-Maßnahme beläuft. Ein wichtiger Punkt bei der Vorbereitung sind die Schlagwörter, auf die ein Gesprächspartner entweder anspringt oder die ihn irritieren. Für den einen geht es um Zahlen, Daten, Fakten, während ein anderer dies nicht mehr hören kann und nur noch auf weiche Faktoren reagiert. Und zu guter Letzt will ich wissen, ob die Firma und ich als Geschäftspartner zueinander passen und ich die Arbeit zu einem erfolgreichen Ende bringen kann. Während dieser Lesung erhalte ich alle Antworten auf diese Fragen, ohne dass die Intimsphäre eines meiner möglichen Kunden verletzt wird, weil ich mich innerhalb unserer Schnittmenge bewege. Ob meinen Geschäftspartner in spe private Sorgen plagen, erfahre ich damit nicht.

Viele meiner Klienten nutzen MFL, um Angebote, Aufträge und Geschäftsabschlüsse prüfen zu lassen. Dank der Intelligenz des Feldes können alle Beteiligten sicher sein, dass die Grenzen gewahrt werden.

Stellen Eltern Fragen zu ihren Kindern, brauchen sie gerade von heranwachsenden Kindern in der Regel deren ausgesprochene Erlaubnis. Natürlich ist es möglich, auch ohne explizite Erlaubnis des Kindes Fragen zu stellen, wenn es ums Miteinander zwischen Vater/Mutter und Kind geht. Zum Beispiel: Was kann ich als Vater/Mutter an der Beziehung zu meinem pubertierenden Sohn verbessern? Bei solchen Fragen kommen sehr hilfreiche Anregungen. Das gleiche gilt auch für Beziehungen. Sie erhalten alle die Beziehung betreffenden Informationen, aber keine, die die Intimsphäre verletzen.

Kann ich das morphische Feld überlisten?

Nein! Das ist absolut unmöglich. Der menschliche Verstand kann nicht ermessen, mit welcher Intelligenz, mit welchem Bewusstsein und welcher Großartigkeit das Feld antwortet. Oder anders gesagt: Das Feld ist schlauer als wir. Als Anfänger neigen die Leser dazu, die Antworten zu bewerten und einzuordnen, und auch nur, weil sie es gut meinen. Sie wollen ja nichts Falsches sagen. Das ist das größte Missverständnis in der Anwendung der Methode. Alle Informationen fließen völlig ungefiltert aus dem Feld heraus, zum Wohle dessen, der gefragt hat.

Kann der Leser die Antworten manipulieren?

Ein immer wieder auftretendes Problem stellen die nicht ausgesprochenen oder verschwiegenen Antworten dar. Manchmal traut sich ein Leser nicht, etwas so auszusprechen, wie es aus dem Feld kommt, weil es ihm zu heftig erscheint. Dies ist bereits Manipulation, da dem Fragenden die tatsächliche Antwort vorenthalten bleibt. Doch das Feld vergisst nicht. Die nicht ausgesprochenen Antworten kreisen so lange im Kopf des Lesers, bis er die Informationen beim Empfänger abliefert. Wie oft habe ich schon, wenn zwei Teilnehmer vom letzten gemeinsamen Kurs sich im Vertiefungsworkshop wiedertreffen, den Satz gehört: „Ach, was ich dir noch zu unserer Lesung sagen wollte." Die Information bleibt also erhalten. Das fühlt sich manchmal sehr unangenehm an. Man wird immer wieder daran erinnert und hat ein schlechtes Gewissen. Wenn der Empfänger die Antwort jedoch nicht hören will, stoppt das Kreisen im Kopf und es kehrt wieder Ruhe ein.

Gelten die Antworten aus dem Feld für immer und ewig?

Die Antworten aus dem Feld sind nur eine Momentaufnahme, da das Feld permanent die aktuellsten Informationen kennt. Dies bedeutet, dass alle Informationen up to date sind. Was jetzt nicht heißen soll, dass die Informationen keine längerfristige Gültigkeit haben können. Das hängt davon ab, welches Thema Sie gerade bearbeiten. Geht es beispielsweise um die Persönlichkeitsstruktur des Fragenden, wird sich diese nicht im nächsten Moment völlig verändern. Wohingegen gerade in geschäftlichen Angelegenheiten oft schnelle Entscheidungen von Nöten sind. Deshalb empfiehlt es sich in solchen Fällen, wiederholt zur Fragestellung des spezifischen Vorgangs zu lesen, um auf dem neuesten Stand zu bleiben.

Kann man auch übers Telefon lesen oder Fragen per Email beantworten?

Ja. Entscheidend ist, wie schon erwähnt, die Verbindung zum morphischen Feld des Gelesenen. Dazu brauchte es lediglich seinen Namen. Der Gelesene muss dem Leser also nicht physisch gegenübersitzen. Die meisten Lesungen finden per Telefon statt. Wenn ein Leser die Fragen per Email beantwortet, fallen in der Regel die klärenden Rückfragen weg. Das bedeutet für den Lesenden, sehr präzise im Sinne des Fragestellers zu hinterfragen.

Ist Lesen eine Therapie?

Therapie ist hilfreich für Menschen, in deren Leben etwas gänzlich aus der Balance ist und womit sie selbst einfach nicht mehr weiterkommen. Bei MFL hingegen geht es um persönliches Wachstum. Wer sich regelmäßig mit MFL selbst reflektiert, kommt vielleicht gar nicht an den Punkt, wo er therapeutische Hilfe von außen braucht. Letztlich geht es bei MFL immer nur um ein Mehr an Informationen. Die Methode ist ein einfaches wie wirkungsvolles Werkzeug, das sich jederzeit zum persönlichen Wachstum einsetzen lässt. Umfassend, achtsam, wertschätzend und liebevoll bietet sie effiziente Hilfe zur Selbsthilfe.

Brauche ich dann keinen Arzt mehr?

Natürlich kann man mit MFL energetische oder emotionale Hintergründe zu einer Krankheit erfragen, dabei handelt es sich aber keinesfalls um eine Diagnose. Dies bleibt den jeweiligen medizinischen oder therapeutischen Fachleuten vorbehalten. Wie hilfreich und unterstützend MFL in diesem Bereich sein kann, demonstriert folgendes Beispiel: Eines Tages rief mich ein Arzt aus Sardinien an, der sich neben der schulmedizinischen Seite noch auf traditionelle chinesische Medizin (TCM) und Akupunktur spezialisiert hat. Er bat mich, für ihn bzw. für einen seiner Patienten, dessen Erlaubnis er hatte, im morphischen Feld zu lesen. Der Arzt hatte die Ergebnisse einer großen Blutuntersuchung vorliegen, die nach schulmedizinischen Gesichtspunkten nur eine Krebsdiagnose zuließen. Das wiederum konnte er sich überhaupt nicht vorstellen, weil er seinen Patienten, dessen Krankheitsgeschichte ebenso wie das persönliche Umfeld seit Jahren kannte. „Die Krankheit passt so gar nicht ins Bild", sagte er mir. Ich hatte zunächst überhaupt keine Idee, wie das Lesen funktionieren sollte. Nun ja, Medizin ist nicht gerade mein Fachgebiet. Er ließ sich jedoch nicht beirren und gab mir schließlich die Fragen ans morphische Feld. Die erste Frage lautete, wie das energetische Bild des Patienten aussehe. Ich sollte eine Art Scan des Patienten machen. Es kam sofort die Antwort, dass sich hinter der Milz ein dunkler Fleck befinde, weil dort keine Energie sei. Wir fragten nach. Die Antworten vertieften die Information. An dieser Stelle fehle Energie, an jener Stelle staue sie sich. Während hinter dem Magen feuchte Hitze sei, fehlt vorn bei der Milz die nötige Wärme; an anderer Stelle sei die Energiezufuhr blockiert usw. Beim „Zuhören" wunderte ich mich über die Ungenauigkeit der Antworten, doch der Arzt war hochzufrieden. Alle diese Beschreibungen aus dem morphischen Feld ergaben für ihn ein Krankheitsbild aus der TCM. Er fand schließlich die Ursache für die Krankheit seines Patienten und die daraus resultierenden Blutwerte. Es handelte sich definitiv nicht um Krebs.

Kann ich Tiere oder Pflanzen lesen?

Selbstverständlich können Sie auch Tiere oder Pflanzen lesen. Wenn Sie Fragen über Ihr Tier oder eine Ihrer Pflanzen haben, verbinden Sie sich statt mit dem morphischen Feld des Fragestellers mit dem des Tieres oder der Pflanze und stellen Ihre Fragen. Sie werden sofort eine Antwort bekommen. Darüber hinaus hält das morphische Feld ungeahnte Möglichkeiten für Sie bereit, mit Ihrem Hund, Ihrer Katze oder welchem Tier auch immer zu kommunizieren. Obwohl Sie sich nur mit dem morphischen Feld des Tieres verbunden haben, kann es sich dabei so anfühlen, als würden Sie direkt mit Ihrem Tier oder Ihrer Pflanze sprechen, weil die Antworten unmittelbarer erfolgen, als wenn Sie für sich selbst oder andere Menschen lesen. Lesen macht in diesen Fällen ganz besonders Spaß, weil Tiere und Pflanzen kein Ego haben. Ob ein Tier gelesen werden will, erfahren Sie sehr schnell. Sollte ein Tier nicht bereit sein, wendet es sich in der Regel einfach ab, und die Antworten aus dem Feld bleiben aus. Es kann aber auch ganz anders kommen – wie die Erfahrung eines meiner Seminar-Teilnehmer zeigt. Konstantin beherrscht MFL und hat sehr viel Freude an der Mensch-Tier-Kommunikation. Deshalb bat ihn eine gute Freundin eines Tages, ihr zu helfen. Es ging um ihr Pferd, das in letzter Zeit nicht so recht fressen wollte. Konstantin vereinbarte mit ihr einen Termin vor Ort im Pferdestall. Er ging zur Box des besagten Pferdes, verband sich mit dem morphischen Feld des Pferdes und erhielt die Erlaubnis zu lesen. Auf die Frage, warum das Pferd in letzter Zeit nicht vernünftig fresse, kam postwendend die Antwort, dass das neue Futter nicht gut und viel zu nass sei.

Ulla aus Berlin machte nach dem Seminar die Probe aufs Exempel. Sie stellte sich mitten in ihren großen Garten und verband sich mit dem Feld der darin wachsenden Pflanzen. Sie wollte wissen, wie es ihren Blumen und Pflanzen ging und was sie brauchten. Sofort brach ein Schwall von Mitteilungen aus dem morphischen Feld über sie herein: Die Rose stünde zu schattig und bräuchte einen besonderen Platz; dem Pfirsichbaum sei es unangenehm, so dicht beim Birnbaum zu stehen; die Kürbisse wollten mehr Wasser und der Salat mehr Dünger. Mit diesem Erfolg hatte die Berlinerin nicht gerechnet. Sie tat wie ihr geheißen – und viele der Pflanzen gediehen prächtiger als je zuvor.

Kann ich in frühere Leben schauen?

Frühere Leben – Wiedergeburt – wovon sprechen wir da eigentlich? Sollten Sie an frühere Leben glauben, dann glauben Sie zunächst einmal an die Existenz einer Seele, die aus dem irdisch materiellen Körper herausgeht, wenn ein Lebewesen stirbt. Dieses nichtmaterielle, unendliche Wesen lebt weiter und inkarniert in einem neuen Körper, um wieder und wieder neue Erfahrungen zu machen.

Das lässt sich sehr gut an einem persönlichen Beispiel veranschaulichen. Es geht dabei um eine merkwürdige Begebenheit, die sich ereignete, lange bevor ich die Methode MFL praktizierte. Die Deutsche Post feierte gerade ihren 500. Geburtstag. Überall in Deutschland waren alte Pferdekutschen in den Großstädten unterwegs. Kurz nach Feierabend wollte ich in der Münchner City noch ein paar Besorgungen machen, da hörte ich hinter mir laute Hufschläge auf dem Pflaster. Wie von Geisterhand angetrieben lief ich immer schneller – ich hatte das Gefühl, diesem Pferdefuhrwerk entkommen zu müssen. In Panik lief ich ins nächstbeste Kaufhaus, um mich in Sicherheit zu bringen. Es dauerte eine ganze Weile, bis ich mich beruhigt hatte und wieder auf die

Straße traute. Die Erinnerung an dieses Erlebnis brannte sich in mein Gedächtnis ein. Als ich ein paar Jahre später das morphische Feld kennenlernte und eine Übung zu unerklärlichen Geschichten aus unserer Vergangenheit anstand, da erinnerte ich mich wieder an das Erlebnis aus der Münchner Innenstadt. Deshalb stellte ich die Frage an das Feld, was die Ursache für meine damalige Panik gewesen sei. Sofort erhielt ich die Antwort, dass mich in einem früheren Leben eine Pferdekutsche im vollen Galopp überrollt habe und ich dabei zu Tode gekommen sei. Das war ein Schock – auch wenn sich die Antwort stimmig und richtig anfühlte. Als ich mich wieder gefangen hatte, fragte ich nach, ob noch irgendetwas zu tun sei, um diese energetische Erinnerung zu löschen. Nein, mit der Reflexion des alten Traumas sei dies nun erledigt. Um besser zu verstehen, was da passiert war, fragte ich meine Ausbilderin, was es mit dieser Geschichte auf sich habe. Sie erklärte mir, dass unsere Seele im Normalfall alle den Körper betreffenden Informationen beim Tode abstreift. Besonders tiefgreifende Erfahrungen/Erlebnisse hinterließen jedoch ein energetisches Mal in der Seele und würden mitgenommen, um irgendwann in darauffolgenden Inkarnationen aufgelöst zu werden: „Bevor sie nicht aufgelöst sind, haben sie eine Wirkung aufs Leben – so wie du es damals mit dieser Panikattacke erlebt hast!“ Allein dadurch, dass ich das Pferdekutschen-Erlebnis in dem Kurs noch einmal hinterfragt hatte, ohne in Panik zu verfallen, erlebte ich Heilung.

Wie eng unser Leben mit möglichen früheren Leben verquickt sein kann, zeigt das Beispiel von Paul, der an einem Workshop teilnahm. Er erzählte mir in der Pause, dass er immer wieder sehr gute Jobangebote auf den Tisch bekäme und als Führungskraft viel Geld verdienen könnte. Aber wenn er nur daran denke, Verantwortung für andere Menschen zu übernehmen und sie zu führen, werde ihm schon ganz anders. Deshalb arbeitete er als

Freelancer in der Computerbranche. Ich lud ihn im Rahmen des Workshops ein, das Feld bezüglich einer früheren Inkarnation zu befragen, um herauszufinden, was die Ursache dafür sei, dass er eine Führungsposition so strikt ablehne. Also begleitete ich ihn bei seinem Selbstprozess. Seine Frage lautete: „Welche frühere Inkarnation ist dafür verantwortlich, dass ich keine Führung übernehme?" Die ersten Bilder brachten ihn mitten auf ein Schlachtfeld. Er herrschte über ein kleines Fürstentum und führte ein Heer an. Die Schlacht war gewonnen, doch alle ihm nahestehenden Mitstreiter und Vertrauten waren umgekommen. So ritt er allein hinauf zur Burg, saß dort einsam an der großen Festtafel. Voller Trauer und Gram schwor er sich, nie wieder zu führen und Verantwortung zu übernehmen, weil er dadurch alle seine Freunde verloren hatte. Dieser Schwur wirkte bis in die Gegenwart hinein. Er befragte das Feld, was nun zu tun sei. Die Antwort lautete, dass er für seine Person und sein Leben diesen Schwur zurücknehmen müsse. Das tat er und siehe da: Als ihm einige Wochen später erneut eine Führungsposition angeboten wurde, hatte er kein schlechtes Gefühl mehr dabei und entschied sich frei, die Herausforderung anzunehmen.

Es geht mir an dieser Stelle nicht darum, ein Plädoyer für die Wiedergeburt zu halten. Wie gesagt ist das eine Frage der Weltanschauung jedes einzelnen Menschen. Was mich aber fasziniert, ist die Möglichkeit, positiven Einfluss auf das eigene Leben zu nehmen, wenn man sich über gedankliche bzw. rationale Grenzen hinwegsetzt. Ich wiederhole: Das Feld ist schlauer als wir. Es weiß mehr über uns, als wir das selbst tun. Deshalb kann im speziellen Fall die Frage nach einer früheren Inkarnation hilfreich sein. In einem solchen Fall ist allerdings eine enge Begleitung durch einen ausgewiesenen MFL-Coach zu empfehlen.

Stolpersteine im morphischen Feld

Die größte Herausforderung für den Leser ist und bleibt, sich frei zu machen von den Erwartungen, wie die Antworten aus dem morphischen Feld zu sein haben. Die Impulse kommen oft so leise und unscheinbar, während wir großartige Bilder, Gefühle und Wahrnehmungen erwarten. Die eigenen Erwartungen zu zügeln ist eine echte Aufgabe. Wenn Sie sich dessen bewusst bleiben, wird sich das mit der Zeit geben. Das Geheimnis einer gelungenen Lesung liegt im Fühlen und Wahrnehmen. Je aufmerksamer Sie sind, desto leichter werden Sie lesen.

Das gleiche gilt für die Versuchung, die Antworten, die Sie empfangen, zu interpretieren. Beobachten Sie sich mal bei einer Lesung, Sie werden den Unterschied spüren, ob die Informationen aus dem morphischen Feld kommen oder aus Ihrer Fantasie. Formulierungen wie „ich denke“, „ich meine“, „ich glaube“ weisen darauf hin, dass eine Information nicht aus dem Feld stammt. Schlussendlich geht es nur darum, dass der Empfänger etwas mit der Antwort anfangen kann. Der Leser ist nur der Lautsprecher.

Die nächsten Verwandten der Erwartungen des Lesenden sind die Vorstellungen. Natürlich ist nichts gegen ein gutes und bildhaftes Vorstellungsvermögen einzuwenden. Nur: Im morphischen Feld und beim Lesen haben unsere persönlichen Vorstellungen nichts verloren. Oft sind wir so in unseren Vorstellungen und Wünschen gefangen, dass wir die Realität gar nicht sehen oder wahrnehmen können und uns damit den Zugang zur eigenen Wahrheit verbauen.

Sie müssen sich im Klaren sein, dass Sie vielleicht nichts von dem verstehen, was da an Antworten aus dem Feld auf Sie einströmt. Dieser Umstand verlangt Ihnen einiges ab, denn Sie sind aufgefordert, Ihren „Intellekt zu opfern“ (Rudolf Steiner).

Vom unbewussten Kontrollieren zum bewussten Zulassen

Eine weitere Herausforderung, mit der sich viele Menschen in Bezug auf MFL konfrontiert sehen, ist ihre Angst vor Kontrollverlust. Diese Angst ist völlig unbegründet, da der Leseprozess wie schon beschrieben im Alphazustand stattfindet. Sie sind also jederzeit in der Lage, die Augen zu öffnen und aufzuhören. Es mag sich am Anfang ungewohnt anfühlen, aus dem Alphazustand heraus zu arbeiten. Das Vertrauen in sich selbst und ins Feld wird aber zunehmen, sobald Sie feststellen, dass gerade dieser Zustand Ihnen das Lesen leicht macht, weil das Ego dort keinen Zugang findet. Und je mehr Vertrauen Sie entwickeln, um so eher bleiben Sie mit ihrer Aufmerksamkeit und Wahrnehmung bei Ihrem Bauchgefühl. Was wiederum dazu führt, dass Sie immer mehr positive Erfahrungen damit machen und Ihr Vertrauen zunimmt.

Die Folge davon: Sie erkennen nach und nach ihren Weg im Fluss des Lebens und vertrauen sich ihm an. Oder anders ausgedrückt, Sie hören immer häufiger auf Ihr Herz und entscheiden intuitiv aus Ihrem Bauchgefühl heraus. Mit diesem Vertrauen einher geht die Erkenntnis, dass es Aufgabe Ihres Kopfes ist, diesen Weg umzusetzen, denn dies ist die Domäne des Verstandes. Das geschieht wie von selbst und in vollem Bewusstsein – eine wundersame Transformation, weg vom Kontrollieren-Müssen hin zum Zulassen. Ein Wachstumsprozess in Richtung Urvertrauen!

Wenn Sie sich darauf einlassen, werden Sie tief in Ihrem Herzen erleben, dass Fühlen klüger ist als Denken und dass das Leben jeden Moment das Beste für Sie will – auch wenn es sich nicht immer gleich so anfühlt.

Fühlen und nichts als Fühlen

Ich kann es nur immer wieder betonen: Ein erster Schritt, das eigene Leben wieder präsent wahrzunehmen, ist ein einfaches Innehalten. Fühlen, was tatsächlich gerade ist. Das kann die spannendste Reise werden, die Sie sich vorstellen können. Ihr Leben bekommt eine völlig neue Qualität. Sie treffen all Ihre richtungsweisenden Entscheidungen ausschließlich aus dem Bauch heraus, weil Sie in Ihrem Urvertrauen angekommen sind. In der Erkenntnis, dass das Leben jeden Moment das Beste für Sie will! Sie haben keine Zweifel mehr an dem, was in Ihrem Leben geschieht. Ist das nicht ein traumhaftes Ziel? Den einzigen Maßstab, den Sie kennen, sind Sie selbst, indem Sie fühlen. Sie finden Ihre eigene Wahrheit durch Ihr Vertrauen in sich selbst. Das macht die Leichtigkeit des Seins spürbar.

Lesen macht Spaß

Ein Satz, den ich nicht oft genug widerholen kann: Lesen macht Spaß! Das wird jeder, der sich von den Zweifeln befreit hat, spüren. Anfänglich mag Ihre gesamte Konzentration gebunden sein, aufgrund der neuen Methode des ungewohnten Alphazustands und des rebellierenden Egos. Da wird vielleicht von Freude am Lesen erst mal noch nicht die Rede sein. Den größten Fortschritt in Richtung Leichtigkeit und Freude werden Sie erst bemerken, sobald Sie keine gute Figur mehr beim Lesen machen und vor allem die Antworten aus dem Feld nicht mehr unbedingt verstehen wollen.

Es ist ein unbeschreibliches Gefühl, während des Lesens zu erleben, wie der Fragesteller einen verblüfft anschaut, weil er nicht nachvollziehen kann, wie man zu einer solch präzisen und hilfreichen Antwort kommt. Doch Vorsicht Ego-Falle: Es schmeichelt natürlich, wenn einem besondere Fähigkeiten nachgesagt werden. Doch alle Ehre gebührt einzig und allein dem morphischen Feld, das uns stets liebevoll und achtsam antwortet.

Am meisten amüsiert mich, dass das morphische Feld auch Humor hat. Michael stellte ans Feld die Frage, was denn als nächstes für ihn zu tun sei. Prompt kam: Er soll sich die Fußnägel schneiden. Was? Er war irritiert. Wir fragten also nach, was dies zu bedeuten habe. Die Antwort lautete, die Frage sei viel zu ungenau gestellt, wo er doch genau wisse, dass er nach seiner Arbeit fragen möchte. Michael fühlte sich ertappt und stellte danach sehr konkrete Fragen bezüglich eines neuen Projektes.

Die Krücke wieder loslassen

Am meisten motiviert mich bei meiner Arbeit, dass jeder die Methode lernt, um Sie irgendwann nicht mehr in der erlernten Form zu brauchen bzw. um sie wieder zu verlernen. Aus eigener Erfahrung weiß ich, dass all die einzelnen Schritte, die notwendig sind, um sich mit dem Feld zu verbinden, irgendwann überflüssig werden. Warum? Weil Sie dann permanent mit dem morphischen Feld in Verbindung stehen. Das heißt jetzt nicht, dass Sie dauernd ungewollte Informationen bekommen. Ich meine damit, dass Sie jederzeit und unmittelbar die Informationen abrufen können, die Sie gerade benötigen. Sie schließen höchstens noch ab und an mal die Augen, um sich besser auf die Fragestellung konzentrieren zu können.

Das stellt sich gewissermaßen automatisch im Verlauf des Prozesses ein, weil Sie sich immer tiefer einlassen. Sie schulen nämlich zugleich Ihre Fähigkeit, zwischen Denken und Fühlen wie auch zwischen Ihrer eigenen Wahrheit und der anderer zu unterscheiden. Dauerhaft verbunden zu sein bedeutet, sich immer im Klaren darüber zu sein, was sich gerade richtig anfühlt und was nicht. Sie verinnerlichen dieses kurze Innehalten so stark, dass Sie sogar in der größten Hektik und unter Stress die Ruhe bewahren und die richtigen Entscheidungen treffen können. Diese neu gewonnene Unterscheidungsfähigkeit schafft darüber hinaus eine ungeahnte Unabhängigkeit. Denn niemand außer Ihnen weiß wirklich, was für Sie richtig und gut ist.

Lesen Light

Ihre Intuition ist zugleich der Zugang zum morphischen Feld. Wieder zu fühlen führt Sie unmittelbar zu Ihrer Intuition. Genau darum geht es jetzt ganz praktisch. Damit Sie sofort konkret loslegen können, möchte ich Ihnen die einfachste Methode vorstellen, mit der Sie ausschließlich aus Ihrem Gefühl heraus entscheiden können. Es ist ganz simpel und charmant, ich nenne es: Lesen Light.

Nehmen wir an, Sie müssen sich kurzfristig für oder gegen eine Sache beziehungsweise zwischen zwei Sachen entscheiden. Um zu einer Entscheidung ohne Einmischung Ihres Verstandes zu kommen, brauchen Sie jetzt nur Ihre Hände. Bestimmen Sie als erstes, welche Hand für „Ja" und welche für „Nein" steht. Lassen Sie Ihre Hände dabei entspannt neben Ihrem Körper hängen. Nun nehmen Sie die Hände hoch und winkeln die Arme etwa 90 Grad an, so dass sich Ihre Hände etwa auf Bauchhöhe befinden. Als nächstes stellen Sie die zu entscheidende Frage. Wenn Sie in Einklang mit Ihren Gefühlen stehen, werden Sie feststellen, dass eine Hand sich nach unten bewegt. Da diese Hand mehr Gewicht für Sie hat, zeigt Sie Ihre Entscheidung an.

Das funktioniert allerdings nur, wenn Sie vollkommen im Gefühl sind! Erinnern sich noch an die Fühlübung ganz zu Anfang des Buches? Fühlen Sie jetzt genauso intensiv. Sie gehen mit Ihrer ganzen Aufmerksamkeit in Ihre Hände, so, als wären Sie nur noch Ihre Hände. Kein

Gedanke ist daran beteiligt, alles läuft nur über die Körperebene ab. Sie sind sozusagen Ihre Hände. Jetzt stellen Sie innerlich die Frage, um eine Entscheidung zu treffen. Ziemlich schnell wird sich eine Ihrer Hände bewegen und schon haben Sie die ungefilterte Antwort.

Ein Beispiel: Sie stehen wie jeden Morgen vor Ihrem Kleiderschrank und können sich einfach nicht entscheiden, ob Sie heute die hellblaue Jacke oder die dunkelblaue anziehen sollen? Nehmen Sie nun die beiden Teile in jeweils eine Hand, schließen Sie die Augen und fühlen Sie, welche für den heutigen Tag geeigneter ist. Gehen Sie mit Ihrer ganzen Aufmerksamkeit tief in Ihre Hände und fühlen Sie. Sie werden feststellen, wie plötzlich eine Hand nach unten geht. Schon ist die Entscheidung gefällt!

Vielleicht schmunzeln Sie jetzt über die Banalität dieses Beispiels. Doch fangen Sie genau mit diesen scheinbar „unwichtigen" Entscheidungen an. Sie werden begeistert sein, wie effizient das funktioniert und schon sehr schnell dazu übergehen, auch „wichtigere" Entscheidungen „aus der Hand" zu fällen. Wachsen Sie mit Lesen Light.

Letztes Jahr hatte ich Besuch von meinem sehr guten Freund aus Hamburg. Wir waren am Abend zum Essen verabredet und wollten anschließend noch einen Absacker in einer Kneipe trinken. Da ich nicht genau wusste, welche Art von Kneipe der Freund bevorzugte, blieb ich kurz auf der Straße stehen und nahm meine beiden Hände zu Hilfe. In der rechten Hand hielt ich – virtuell – eine eher lässige Kneipe, in der linken ein nobles Lokal.

Es dauerte nicht lange, und meine rechte Hand – die Kneipe – senkte sich. Mein Freund beobachtete mich schmunzelnd und wunderte sich wahrscheinlich, was ich da gerade machte. Nach etwa einer Stunde sagte er schließlich, wie nett er diese Kneipe fände, weil er es lieber locker mag und schon Angst gehabt hatte, dass wir in einem Schickimicki-Lokal landen. Da schmunzelte ich.

Teil III:

Im morphischen Feld leben

Eine Reise zu sich selbst

Eine meiner Lieblings-Vermeidungsstrategien, um die dunklen Ecken bzw. Schatten meiner selbst nicht anschauen zu müssen, war der Satz: „Das verstehe ich nicht!“ Den lebte ich mit derartiger Inbrunst, dass es mir gar nicht auffiel, was ich eigentlich damit bezweckte. Immer im tiefen Glauben, dass ich, sobald ich etwas nicht verstand, auch nichts damit anfangen konnte. Nach dem Motto: „Da kann ich leider nichts machen und schon gar nichts verändern!“ So einfach. Als ich in einem Gespräch mit einem Freund mal wieder meinen Satz aussprach, während er mich gerade auf eine unangenehme Verhaltensweise aufmerksam machen wollte, schaute er mich völlig entgeistert an und sagte: „Das ist nicht dein Ernst? Merkst du eigentlich, wie sehr du dich gerade selber betrügst?“ Ich war zunächst einmal völlig irritiert. Was wollte er von mir? Da wiederholte er meinen Satz: „Das verstehe ich nicht?“ Und auf einmal begann es bei mir zu dämmern.

MFL ist mehr als eine Methode

Lassen Sie uns im letzten Teil des Buches die Spielarten von Schutzmechanismen, Vermeidungsstrategien und inneren Widerständen näher beleuchten. Sie brauchen keine Bedenken zu haben, dass es nun unangenehm werden könnte. Im Gegenteil, wir begeben uns nun auf den spannendsten Teil der Reise, nämlich zu uns selbst.

Hinter jedem inneren Widerstand liegt ein großer persönlicher Schatz verborgen. Meist jedoch ignorieren wir das. Sobald wir uns aber öffnen – wie ich im obigen Beispiel meinem Freund gegenüber – können wir unsere Ausreden und Selbstbetrügereien entlarven. Auch heute noch stehe ich manchmal kurz davor, diesen Satz zu sagen. Aber noch bevor ich ihn ausgesprochen habe, erinnere ich mich daran, wofür er steht. In solchen Momenten weiß ich dann, was ich zu tun habe: nämlich hinzuschauen, worum es wirklich geht. Und das bringt mich meiner Wahrheit ein großes Stück näher. Oder anders gesagt: Es macht mich wieder freier in meinen Entscheidungen und im Handeln. Mittlerweile freue ich mich, wenn ich mir wieder mal auf die Schliche komme. Ich bin jedes Mal aufs Neue begeistert, weil ich mich besser kennenlerne und mir noch tiefer vertrauen kann. Es macht mit der Zeit sogar richtig Spaß, man kann im positiven Sinne fast süchtig werden danach, da Sie die positiven Auswirkungen sofort erfahren und zu spüren bekommen.

All dies ist schlussendlich die Ausgangsbasis dafür, Ihre eigene Großartigkeit (wieder) zu entdecken. Der Mensch ist ein so vollkommenes Wesen voller Schöpferkraft und Göttlichkeit. Nur weil wir, meist in der Kindheit, gehört haben, dass wir nicht gut genug seien oder nichts taugen würden, glauben wir, dass das der Wahrheit entspricht. Wenn Sie beginnen, sich selbst zu entdecken, werden Sie hinter all diesen Glaubenssätzen und falschen Überzeugungen sehr schnell auf Ihre unbeschreibliche Schönheit und Großartigkeit stoßen.

Dieser Klärungsprozess findet bereits statt, während Sie lernen, im morphischen Feld zu lesen. Das ist aus meiner Erfahrung als Coach der größte und wichtigste „Nebeneffekt" der Methode. Viele Teilnehmer entdecken am Ende eines Workshops ihre eigene Großartigkeit. Sie erleben die ungeahnten Möglichkeiten, die ihnen die Weisheit des Feldes bietet. Sie haben erlebt, dass sie – ohne zu denken – über Informationen verfügen, die sie selbst nie hätten wissen oder ahnen können. Sie erkennen, welche Fähigkeiten sie besitzen, aber bisher nie genutzt haben, nicht für sich und auch nicht für andere. Es macht einen großen Unterschied, ob ich nur denke, dass ich gut bin oder ob ich es mit allen Zellen und Fasern erlebe.

Selbstvertrauen

Stellen sie sich vor, sie sollen während einer Lesung einfach alles aussprechen, was aus dem Feld so daherkommt. Nicht ganz einfach, oder? Spielen wir das einmal szenisch durch: Ein Mensch liest für einen anderen im morphischen Feld. Nachdem sein Gegenüber die Frage ans Feld gestellt hat, braucht der Lesende nur wiederzugeben, was als Antwort kommt. So wie ein Radioempfänger. Man stellt die richtige Frequenz ein und kann eine interessante Sendung hören.

Allein das Wiedergeben der Antworten, was nun wirklich jeder kann, wird Ihr Selbstvertrauen unglaublich stärken. Das liegt daran, dass wir endlich wieder tun, was wir schon immer konnten. Wir hatten nur vergessen, dieses Wissen anzuwenden: Es geht um die Kommunikation unseres Bauchgefühls bzw. unserer Intuition, wie auch immer Sie es nennen wollen. Wenn wir nicht mehr unter dem Zwang stehen, etwas erfüllen oder Leistung erbringen zu müssen, weicht aller Druck und alle Anspannung von uns. In diesem Zustand fließen die Informationen aus dem Feld ohne Anstrengung.

Diese scheinbar so simple Aufgabe bringt das Selbstvertrauen zurück, weil Ihr Gegenüber die Antworten verstehen und sogar etwas damit anfangen können wird. Oft kommen Kommentare wie „Das kannst du doch nicht wissen!“ oder “ Woher weißt du denn das?“ Vergessen Sie nicht, dass sich die beiden Menschen in der Regel überhaupt nicht kennen. Der Lesende selber versteht nicht ein Wort von dem, was er erzählt, doch sein Gegenüber fühlt sich gesehen und erhält die Bestätigung, die er erhoffte. Noch einmal, es ist so einfach: Der Leser spricht, ohne zu denken, ohne zu urteilen oder zu bewerten, einfach nur aus, was an Antworten aus dem morphischen Feld kommt. Wann konnten Sie sich das letzte Mal wirklich vertrauen? Wann haben Sie zuletzt im Vertrauen eines hundertprozentigen Gefühls von Sicherheit etwas entschieden und danach gehandelt?

Es braucht Mut und Vertrauen, die Antworten so wiederzugeben, wie sie auftauchen. Auch wenn die Themen Ihnen selbst vielleicht unangenehm sind oder Sie das von Ihrem Gegenüber annehmen. Wir haben von klein auf gelernt, gefälligst zu denken, bevor wir den Mund aufmachen. Und nun sollen wir bei MFL all das hinter uns lassen und einfach sprechen – ohne Sinn und Verstand. Man kann die Rebellion im Kopf fast hören. Doch genau das ist der Weg! MFL funktioniert nur, wenn die Informationen aus dem morphischen Feld ungefiltert wiedergegeben werden. Wenn Sie diese Herausforderung meistern und Ihr fragendes Gegenüber die Richtigkeit der Antworten bestätigt, wächst nicht nur Ihr Selbstvertrauen, sondern zugleich das Vertrauen in die eigene Großartigkeit.

Doch das ist nur die eine Seite der Medaille. Auch wenn Sie sich aus dem Feld lesen lassen, stellt sich dieses Gefühl ein, weil Sie sehr viele Informationen über sich selbst erhalten. Sie erinnern sich: Das Feld ist liebevoll. Deshalb können Sie sicher sein, auch viel Großartiges, Einzigartiges und Brillantes über sich selbst zu hören zu bekommen. Es kann schon beeindrucken, wenn man so ungefiltert und ungeschminkt positive Wahrheiten von einer fremden Person zu hören bekommt. Auch das führt zu mehr Selbstvertrauen. Manchmal sieht es von außen so aus, als erhielte eine fast verdorrte Pflanze wieder Wasser. Man kann zusehen, wie sie sich in ihrer wahren Schönheit erhebt.

Wenn Sie wieder beginnen, sich selber zu vertrauen, läuft das Leben deutlich leichter und entspannter. Sie müssen schließlich nicht mehr täglich mit Ihren Befürchtungen und Ängsten kämpfen. Sie handeln frei und unabhängig, da Sie für die eigene Person wieder einstehen können. Mit großem Selbstvertrauen und Selbstwertgefühl durchs Leben zu gehen, ist eine Freude. Alles geht leicht von der Hand und der Erfolg stellt sich wie von selbst ein. Denn Sie wissen, dass Sie Ihrem Bauchgefühl hundertprozentig vertrauen können und Ihr gesunder Menschenverstand, frei vom pathologischen Ego, Ihre Entscheidungen zum Wohle aller umsetzen kann. Fazit: Verstand und Intuition befinden sich wieder im Einklang.

Um gut durchs Leben zu kommen, und das meine ich wortwörtlich, ist es unabdingbar, dass wir uns selbst vertrauen. Wem denn sonst? Genaugenommen können Sie anderen erst wirklich ganz vertrauen, wenn Sie ausreichend Selbstvertrauen besitzen. Beginnt dieser Prozess nun bei Ihnen, werden Sie eine spannende Entdeckung machen: All dieses Wissen über Sie selbst ist schon immer da gewesen. Sie haben nur vergessen, es zu nutzen. Weil Sie gewohnt sind, alles mit dem Kopf zu erledigen, alles zu analysieren, zu planen, zu strukturieren, zu evaluieren, zu beurteilen usw. Wie sollen Sie, wenn Sie so beschäftigt sind, auf das Naheliegende kommen? Das ist auch ein maßgeblicher Grund, warum ich Coach wurde. Beim Coaching geht man davon aus, dass der Coachee (Klient) alle Antworten bereits in sich trägt. Der Coach hat also nur die Aufgabe, die richtigen Fragen so zu stellen, damit der Coachee selbst auf seine Antworten kommt. Das stärkt sein Selbstvertrauen, weil er die Aufgabenstellung selber löst.

Die Ausgangsbasis ist also das Vertrauen in die eigene Person, das tiefe Wissen, völlig in Ordnung zu sein, so wie man ist. Sobald ein Mensch dies verinnerlicht hat, spürt das auch sein Umfeld, allein schon durch die veränderte Präsenz, die er besitzt und ausstrahlt. Andere Menschen fühlen sich wohl in seiner Gegenwart.

Selbstermächtigung

Provokant gefragt: Was nützt es Ihnen, wenn Sie in den Tempel gehen und meditieren, danach aber genauso weiterleben wie bisher? Was bringen all die Seminare und Workshops, wenn die Methoden zu Hause nur bedingt angewandt und wiederholt werden können?

Der Erfolg einer Methode sollte daran gemessen werden, ob und wie wir im Alltag von ihr profitieren können. Wenn ich in der Lage bin, sie jeden Tag aufs Neue anzuwenden, ohne dabei ellenlange Skripte zu wälzen oder unzählige CDs zu hören, dann erst entwickelt sie tatsächlich einen praktischen Nutzen. Dies trifft in vollem Umfang auf MFL zu. Die Methode ist simpel und versetzt Sie jederzeit und überall in die glückliche Lage, Ihre eigene Wahrheit zu erkennen. MFL macht Sie unabhängig und bringt Sie in Ihre Selbstermächtigung. Sie sind mehr und mehr in der Lage, Ihre Themen, Fragen, Probleme etc. selbst zu lösen – in Folge Ihres neugewonnenen Selbstvertrauens. Nach jahrelanger Erfahrung kann ich sagen: Sie können bei regelmäßiger Anwendung sogar nach und nach auf einzelne Schritte verzichten. Eben weil Sie sich so intensiv mit den eigenen Impulsen auseinandersetzen und in so engen Kontakt zu Ihrem Fühlen treten, entwickelt sich eine angenehme Routine. Gleichzeitig ist es spannend und faszinierend zu entdecken, dass die Antworten auf all Ihre Fragen bereits in Ihnen selbst liegen.

Was bedeutet das nun für jeden Einzelnen? Muss man ständig im Alphazustand durch die Gegend laufen? Nein. Wer die Methode verinnerlicht hat, kann sich jederzeit ausführliche Informationen zu allen Lebensthemen holen. Alles, was Sie dazu brauchen, ist ein Moment der Ruhe. Der Zeitaufwand ist also gering – und die wachsende Routine erleichtert den intuitiven Zugang.

Sich wiederholende Lebensmuster

Doch bevor alle diese positiven Veränderungen eintreten können, bleibt es unabdingbar, sich selbst zu reflektieren und den eigenen Vermeidungsstrategien auf die Schliche zu kommen. Gerade im Hinblick auf sich wiederholende Lebensmuster ist es hilfreich, das Feld zu befragen: Warum ereignen sich bestimmte Situationen in meinem Leben immer wieder? Warum gerate ich immer wieder an einen bestimmten Typ Lebenspartner? Warum habe ich immer Ärger in der Firma? Warum komme ich beruflich nicht weiter?

MFL bewährt sich in solchen Fällen sehr, da die Antworten aus dem Feld den Fragenden sofort zur Ursache seiner Muster oder Wiederholungen führen. Das Feld bezieht sich nicht auf die Symptomatik, sondern auf die tatsächlichen Ursachen. Ich mag mich wiederholen an dieser Stelle: Natürlich bekommen Sie auch die besten Lösungsmöglichkeiten aus dem Feld. Normalerweise müssten Sie Ihre problematischen Themen Schicht für Schicht freilegen, um sie bearbeiten und auflösen zu können. Mit MFL setzen Sie direkt an der Ursache an, wenn Sie danach fragen. Dies erspart viel Zeit, Umwege und Anstrengung. Denn Sie müssen auch nicht jede Schicht extra anschauen und vielleicht sogar nochmal durchleben. Wenn Sie also den Ausgangspunkt Ihres Problems kennen, können Sie gezielt auf eine Lösung hinarbeiten.

In meiner Anfangszeit als Coach nahm ich mir selbst immer wieder die Angst vor großen Herausforderungen, indem ich, bevor ich meine Klienten traf, das Feld zu ihnen befragte. So wusste ich einmal beispielsweise, als ich Heribert, einen Manager, traf, dass er mit seinem vorgesetzten Bereichsleiter Kompetenzschwierigkeiten hatte, und dies nicht zum ersten Mal. Das war auch schon so bei den vorangegangenen Arbeitsstellen, weil die Ursache des Problems in der Beziehung zu seinem Vater lag. Die damals fehlende Anerkennung wurde ihm auch als Erwachsener stets verweigert. So verspürte er ständig einen Konkurrenzkampf und verhielt sich dementsprechend, was seine Vorgesetzten nicht verstehen konnten. Als wir uns im Verlauf der Sitzung dieser Ursache näherten, wurde Heribert sichtlich nervös. Der Stress löste sich auf, indem wir gemeinsam bewusst von außen auf sein Thema schauten. Die Initialzündung dafür war meine direkte Frage, was der Stress in der Arbeit mit der Beziehung zu seinem Vater gemein habe. Da ging ihm ein Licht auf und wir konnten die Probleme beseitigen.

Das innere Kind

Das obenstehende Beispiel ist in diesem Zusammenhang sehr wichtig, weil es nicht nur auf einen alten Konflikt hinweist, den Heribert schon seit seiner Kindheit mit sich herumtrug. Gehen wir an der Stelle noch eine Ebene tiefer, entdecken wir den kleinen Heribert, der verletzt und enttäuscht ist. Diese Verletzungen aus der Kindheit finden ihren Ausdruck in unserem Verhalten als Erwachsene. Die Psychologie spricht in diesem Zusammenhang vom „Inneren Kind". Dieser Begriff beschreibt in unserer Kindheit liegende innere Erlebniswelten, die sich auf unser Fühlen und Erleben auswirken. Das betrifft alle gespeicherten Gefühle,

Erinnerungen und Erfahrungen, die wir als Kinder machten, vor allem aber starke und prägende Gefühle wie grenzenlose Freude, großen Schmerz, Glück, Traurigkeit, Einsamkeit, Alleingelassen-Sein, Angst oder Wut.

Bei der Inneren-Kind-Arbeit geht man davon aus, dass ein Mensch, der als Kind wenig Liebe, mangelnde Anerkennung, Entwertung oder Missachtung erfahren hat, in seinem Selbstwertgefühl geschädigt wurde. Als Erwachsener entwickelt er deshalb beispielsweise ein unangemessen großes Verlangen nach Zuwendung durch andere Menschen. Schon eine harmlose Kritik kann alte Kindheitsverletzungen aktivieren und ihn unverhältnismäßig kränken. Ziel ist, diese seelischen Wunden aus der Kindheit zu heilen, indem wir die negativen Glaubenssätze und Muster erkennen und diese eigenverantwortlich und selbstsicher auflösen, damit wieder ein liebevoller Umgang mit uns selbst und anderen entsteht. Denn wir können uns als Erwachsene die emotionale Zuwendung, die uns vielleicht in der Kindheit fehlte, selbst geben.

Durch MFL kommen Sie häufig zu den Erlebnissen aus der Kindheit, weil diese, wie schon gesagt, Ihr Verhalten und Ihre Haltung prägen. Wenn Sie Interesse daran, haben Innere-Kind-Arbeit zu machen, können Sie dies hervorragend mit MFL tun, jedoch bitte nur in Begleitung eines geschulten Experten.

Das eigene Potenzial schöpfen

Wenn Sie sich auf den Weg machen, Ihre eigene Wahrheit zu entdecken, kommen Sie immer wieder auch an einen Punkt, wo sich grundlegende Fragen stellen: Was ist mir überhaupt wichtig im Leben? Was sind meine Wertvorstellungen? Wo liegt mein Potenzial? Was kann ich besonders gut? Was würde ich mit ganzer Leidenschaft tun wollen?

Diese Fragen haben manchmal einen sehr ernüchternden Effekt, da sie uns darauf aufmerksam machen, wie weit wir von unseren Werten und Potenzialen entfernt sind. Wie viele von uns gehen einer Arbeit nach, nicht weil sie uns Spaß macht oder gar Erfüllung bringt, sondern weil es vielleicht die Familie so will, die Tätigkeit gutes Geld oder Ansehen bringt. Doch manchmal haben diese Gründe nichts mit dem ureigenen Potenzial und dem, was jeder einzelne Mensch auf dieser Welt in sich trägt, zu tun. Dann entwickeln wir uns zu einer Art grauen Masse, anstatt unsere Individualität zu leben. Die Angst vor der eigenen Größe hält uns davon ab, der- oder diejenige zu sein, der/die wir in Wahrheit sind.

MFL bringt Sie wieder unmittelbar mit Ihren Werten, Ihrem Potenzial und Ihren Talenten in Kontakt. Die Antworten sind immer eindeutig. Das betrifft ebenso die Frage, warum jemand dies oder jenes nicht oder nur teilweise lebt. Das Feld beantwortet auch Fragen, die uns weiterhelfen, das eigene Potenzial künftig besser umzusetzen und in den Alltag zu integrieren. Das erreichen Sie durch Fragen wie beispielsweise: Was braucht es dazu? Was und wie muss etwas verändert werden?

Robert, ein junger aufstrebender Abteilungsleiter, der die meiste Zeit außerhalb der Arbeit mit „Party machen" verbrachte, stellte die Frage: „Was ist meine Berufung?" Grundsätzlich eine richtige und legitime Frage. Die Antwort aus dem morphischen Feld lautete allerdings, wie bei vielen anderen Menschen, dass diese Frage viel zu früh gestellt sei, da Robert erst einmal den Weg der Selbstreflexion antreten müsse. Robert sollte sich seine Schattenthemen (seine unbewussten Anteile) anschauen und vor allem seine eigenen Werte überprüfen. Die Zeit der Dauerparty sei vorbei. Sobald er seinem Leben eine neue Richtung gegeben habe, wäre die Zeit reif, diese Frage erneut zu stellen. Zum jetzigen

Zeitpunkt würde die Antwort ihn noch überfordern. Robert verstand diese Information aus dem Feld sehr genau und war damit zufrieden, weil er im Inneren längst darum wusste.

Was war Ihnen in Ihrer Kindheit wichtig? Was wollten Sie in der Welt tun oder gar verbessern? Was haben Sie gerne gemacht? Woran hatten Sie großes Interesse und vor allem Freude? Was wollten Sie anders machen als Ihre Eltern? Was wollten Sie arbeiten, wenn Sie groß sind? All diese Fragen helfen Ihnen dabei, in die richtige Richtung zu gehen. Sie können aber auch mit einfachen Fragen beginnen: „Wie sieht es aus, wenn ich meine eigene Wahrheit lebe? Oder: Was ist meine Besonderheit, die ich der Welt und den Menschen zu geben habe? Fast automatisch erschließt sich über den Weg des Hinterfragens im Feld und durch Selbstreflexion das wahre Potenzial oder – anders ausgedrückt – die eigene Berufung.

Das Ungleichgewicht wieder in Ordnung bringen

Unsere Essenz ist Liebe, deshalb können wir nicht anders, als aus Liebe zu handeln. Das mag vielleicht nicht immer so wirken, weil ein Ungleichgewicht in unserem Leben entsteht, sobald wir glauben, dass eine Situation ungerecht ist, uns überfordert, nicht unseren Erwartungen oder Werten entspricht oder unser Fassungsvermögen übersteigt. Dieses Ungleichgewicht entsteht ebenfalls, wenn große Emotionen wie Wut, Angst, Hass oder Neid unvermittelt auftreten und wir uns in solchen Momenten nicht genug distanzieren können, um entscheidungsfähig zu bleiben. Dann handeln wir meist aus alten Erfahrungen und Verhaltensmustern heraus ohne abzugleichen, ob die Reaktion der jetzigen Situation angemessen ist.

Das alles sind Schutzmechanismen, die uns dazu dienen, das eigene Leben zu schützen. Genau aus diesem Grund braucht es zum Beispiel auch die Angst – um uns zu schützen. Nur leider lassen sich die Ursachen, die zu einem früheren Zeitpunkt Ihres Lebens einmal diesen Schutzmechanismus auslösten, nicht mit den Situationen vergleichen, denen Sie im Leben als Erwachsener ausgesetzt sind. Nicht in der Intensität und auch nicht im Motiv des Gegenübers. Die Reaktionen aus einem Schutzmechanismus heraus sind im Erwachsenenalter fast immer unverhältnismäßig. Dass wir uns schützen müssen, steht dabei grundsätzlich außer Frage. Mir geht es wie gesagt darum, ob eine Reaktion zum jetzigen Zeitpunkt verhältnismäßig angemessen ist. Dies bedarf immer wieder der Prüfung. Mit MFL können Sie diese Strategien und Mechanismen erkennen – und aufdecken.

Die persönlichen Grenzen sprengen

Ganz besonders deutlich werden solche Mechanismen in Situationen, die sich ständig im Leben wiederholen, wenn Sie beispielsweise, wie bereits angedeutet, immer wieder den gleichen Typ von Partner anziehen oder an jedem neuen Arbeitsplatz erneut an einen „blöden" Chef geraten. Wenn es regelmäßig Streit mit Ihrer Mutter oder Ihrem Vater gibt, Sie wiederkehrende Geldnöte oder gesundheitliche Beschwerden haben. Die Liste ließe sich beliebig fortsetzen.

Spätestens nach der dritten Kündigung, weil man mit dem Chef nicht klarkommt, lohnt es sich zu reflektieren, was dieser Umstand mit einem selbst zu tun hat. Wenn Sie an einem solchen Wendepunkt in die Tiefe gehen und das morphische Feld befragen, kommen oft sehr erstaunliche Ergebnisse zu Tage. Ein Beispiel: Rüdiger kam, um die Frage ans morphische Feld zu stellen, warum er immer wieder an Chefs gerate, mit denen er eine Auseinandersetzung nach der anderen habe. Die prompte Antwort aus dem Feld lautete, dass er immer noch gegen seinen sehr strengen Vater rebelliere. Rüdiger wurde kreidebleich, das hatte er nicht erwartet, doch es stimmte. Sein Vater lebte nicht mehr, doch früher hatte er ihn ständig provoziert, weil er immer so streng war. Es fiel Rüdiger wie Schuppen von den Augen; alle möglichen Situationen mit seinen Vorgesetzen liefen wie ein Trailer zu einem Kinofilm vor seinem inneren Auge ab. Er hätte jeden Chef durch seinen Vater ersetzen können. Nun war es ein Leichtes, das alte Vaterthema aufzulösen. Schlagartig änderte sich Rüdigers Verhalten seinem derzeitigen Chef gegenüber. Aus dem provozierenden Gegeneinander entstand ein konstruktives Miteinander.

Unser Leben dreht sich wie ein Karussell um unsere Lebensthemen. Während der Fahrt kommen wir immer wieder an den gleichen Themen vorbei. Betrachten wir das Leben aber beispielsweise als Spirale, dann geschieht diese Begegnung stets auf einer anderen, neuen Ebene. Das Gute daran: Es wird auf jeder höheren Ebene einfacher, mit diesen Themen umzugehen und sie aufzulösen, weil wir sie schon aus den vorangegangenen, aber noch nicht abgeschlossenen Bearbeitungen kennen.

Um das eigene Lebensglück zu finden, geht es deshalb darum, uns all die Themen bewusst zu machen, die das Glücklichsein einschränken oder sogar verhindern. Für die alltäglichen Probleme braucht es dazu nicht unbedingt lange Therapien oder unzählige Seminare. Sich immer wieder zu reflektieren und zu fühlen, was die eigene Wahrheit ist, bringt uns näher an die Ursachen und kann einen großen Teil der Probleme lösen. Sie machen sich weitestgehend unabhängig und kommen zugleich an all die notwendigen Erkenntnisse über sich selbst.

Das Ungeliebte integrieren

Im Herbst 2003 hatte ich mich mit meiner Coaching-Kollegin Julia verabredet, um verschiedene Themen und Blockaden, die wir an uns bemerkt hatten, aufzulösen. Unsere Annahme war, dass die Themen, die wir zu bearbeiten gedachten, innere Anteile von uns sind, die integriert werden müssten, damit wir uns wieder ganz fühlen konnten.

Wir gingen dabei von der Annahme aus, dass ein Mensch alle seine ungeliebten Anteile, seien es Neid, Hass, Arroganz, Überheblichkeit, unangenehme Gefühle, Ängste, Befürchtungen, Verletzungen, negative Erlebnisse oder Unsicherheiten, abspaltet, weil er sie unbewusst ablehnt oder weil er so nicht sein will. Durch Selbstreflexion und -beobachtung stellten wir fest, dass diese Teile eine erhebliche Macht über uns haben und unser Verhalten in entscheidenden Situationen fast automatisch zu unserem Nachteil beeinflussen. Ein weiterer Aspekt unserer Theorie war, dass es zu diesen Abspaltungen auch deshalb kommt, weil wir glauben, bestimmte Situationen emotional nicht aushalten zu können. Das Verdrängen bzw. die Abspaltung dient also als reine Überlebensstrategie.

Zu unserem Setting gehörte ein blauer Teppich, der jeweils den Raum desjenigen repräsentierte, der ein Problem hatte. Die Übung lief wie folgt ab: Ein ungeliebter Anteil, zum Beispiel der Neid, sollte wieder integriert werden, damit er keine Macht mehr über einen von uns haben konnte. Um diese Anteile integrieren zu können, gingen wir wie in der systemischen Arbeit (Familienstellen) vor. Einer übernahm die Rolle des ungeliebten Anteils

Neid, während der andere versuchte, den Neid zu integrieren. Derjenige, der die Rolle des Neides übernahm, fühlte zuerst, wo sein Platz im Zimmer war und nahm ihn ein. Im günstigen Fall war das bereits auf dem blauen Teppich. Manchmal jedoch befand sich der getrennte Anteil weit weg von demjenigen, der integrieren wollte. Diese Entfernung zeigte uns jedes Mal, wie schwierig die zugrundeliegende Geschichte dazu war. Um nun den abgespaltenen Anteil Neid integrieren zu können, war es notwendig, seine Aufmerksamkeit zu bekommen. Und zwar mit dem dafür geeigneten Satz: „Ich sehe dich." Anschließend war der Darsteller, der den Neid verkörperte, wieder an der Reihe. Seine Aufgabe: sehr genau zu fühlen, welche emotionalen Reaktionen in ihm stattfinden. Passierte nichts, musste derjenige, der integrieren wollte, seine Aufmerksamkeitssätze variieren, beispielweise mit „Es tut mir leid, dass ich dich so lange abgelehnt habe", und das so lange, bis sich eine Reaktion einstellte. Passierte das, folgten weitere Sätze zur Integration: „Du bist ein Teil von mir! Ich bin der Große und du bist der Kleine." „Es tut mir leid", war an diesem Punkt auch sehr hilfreich. Für denjenigen, der integrieren wollte, galt, aus reinstem Herzen zu sprechen und die Sätze nicht einfach nur so dahin zu plappern. Der abgespaltene Teil reagierte nur, wenn er die Ernsthaftigkeit fühlen konnte. Als das geschah, konnte er sich langsam nähern, indem er zuerst auf den Teppich kam und schließlich, während das Vertrauen noch weiter wuchs, ganz zu der Person zurückkehrte, um wieder mit ihr zu verschmelzen. Wir waren immer wieder überrascht, wie nachhaltig und einfach das funktionierte. Getreu dem Motto: Das Leben ist einfach!

Die ganze Übung geschah in Achtsamkeit, Mitgefühl und mit offenem Herzen. Die abgespaltenen Anteile reagierten jeweils nur, weil sie wahrgenommen und gefühlt wurden. Wir schlossen die Übung mit folgenden Sätzen ab: „All die Jahre habe ich dich abgelehnt, das tut mir sehr leid, ich nehme dich von ganzem Herzen an, denn du bist ein Teil von mir. Bitte verzeih mir, ich übernehme jetzt die volle Verantwortung für mein Denken und mein Handeln."

Mit dieser Übung integrierten wir damals gegenseitig alle möglichen abgespaltenen Anteile von uns. Mit der Zeit stellte sich bei uns beiden ein Gefühl von Vollständigkeit, Freiheit und Unabhängigkeit ein. Wir machten diese Übung unzählige Male, da wir die Wirkung jedes Mal sofort spüren konnten und sich sowohl unser Denken als auch unser Verhalten merklich veränderte.

Jahre später wiederholte ich diese Übung mit einer anderen Kollegin. Nach einer Weile wurde uns das Setting zu aufwändig und wir begannen, die Übung zu verändern. Wir benutzten keinen Teppich mehr und gingen auch nicht mehr in ein Rollenspiel. Stattdessen sprachen wir die oben genannten Sätze einfach aus, das aber weiterhin mit offenem Herzen und voller Gefühl für den abgespaltenen Anteil, den wir integrieren wollten. Wir erzielten die gleiche Wirkung. So wurde die Herzintegration in der heutigen Form geboren.

Herzintegration – wozu?

In der Regel vermeiden wir es, unangenehme Gefühle, Ängste, Befürchtungen, Verletzungen, negative Erlebnisse etc. wahrzunehmen und zuzulassen. Vielleicht, weil es zu schmerzlich ist, wehtut und wir uns ganz oft von diesen Emotionen überfordert fühlen. Wer will schon gern etwas Unangenehmes durchleben? Verdrängung und Ablehnung mag als reine Überlebensstrategie sehr erleichternd sein. Nur leider wird das Thema beziehungsweise das Problem dabei nur geparkt, aber nicht wirklich besser.

Wenn eine große und heftige emotionale Welle auf uns zu rollt, haben wir Angst, von ihr verschlungen zu werden. Diese Angst ist in dem Moment ein subjektives Gefühl und darüber hinaus ein Schutzmechanismus, der noch aus den Urzeiten der Menschheit stammt, als wir nur unser Stammhirn benutzten. Befand sich ein Steinzeitmensch in großer Gefahr, hatte er nur wenige Möglichkeiten, sich zu schützen. Er konnte sich entweder der Gefahr stellen und kämpfen, sich tot stellen, fliehen oder mit seinem Gegner verbünden.

All diese Überlebensmechanismen greifen auch heute noch, wenn wir glauben, lebensbedrohlichen Situationen ausgesetzt zu sein. Sie greifen aber auch, wenn unser subjektives Empfinden uns den Eindruck einer Gefahr vermittelt. Je klarer und freier wir in unserer Wahrnehmung sind, um so bewusster können wir einer schwierigen oder unangenehmen Situation begegnen. Mit der Herzintegration lässt sich dieser Urinstinkt zwar nicht abstellen, jedoch haben wir auch in scheinbar lebensbedrohlichen Situationen die Möglichkeit zu entscheiden, ob wir dem Automatismus folgen oder der heutigen Situation angemessen reagieren wollen. Warum? Weil wir in der Lage sind zu beobachten, was auf der emotionalen Ebene gerade in uns vorgeht. Wir erkennen dann beispielsweise, dass der vermeintliche Angreifer nur eine alte Wut in uns aktiviert. Aus dieser Erkenntnis heraus können wir ganz gelassen entscheiden, ob wir uns der Wut hingeben, die wohlgemerkt mit der heutigen Situation nur sehr wenig zu tun hat, oder ob wir die Ursache dieser Wut integrieren wollen. Wer dann noch tiefer geht und reflektiert, woher diese Wut stammt, wird vielleicht feststellen, dass ihre Ursache in einer zurückliegenden Ungerechtigkeit liegt, die wir als Kind öfter erfahren haben. Dieses Gefühl von Ungerechtigkeit will heute integriert werden, damit solche

Gefühle erst gar nicht mehr hochkommen. So entsteht durch die Herzintegration emotionale Freiheit.

Ein weiterer wichtiger Aspekt, der in diesem Zusammenhang nicht vernachlässigt werden darf, ist das Resonanzprinzip. Grundsätzlich versucht unser Körper-Geist-System (die Gesamtheit und das Zusammenwirken von Körper, Intellekt und Seele) durch permanentes Abgleichen seines inneren Wissens bzw. seiner bisher gespeicherten Verhaltensmuster oder Programmierungen mit der Außenwelt – sprich den Situationen, die uns gerade begegnen – das Gefühl von Sicherheit und Beständigkeit zu erhalten. Genau genommen sucht unser Körper-Geist-System permanent nach Bestätigung, damit sich unsere Sichtweise mit der jeweiligen Situation deckt. Geschieht das, bewertet unser System das als positiv und bestimmt fortzufahren. Dabei unterscheidet das System jedoch nicht, ob diese Sichtweisen vorteilhaft oder sogar schädlich für uns sind. Es ist völlig neutral in der Bewertung und sucht erst mal nur nach Bestätigung.

Kommt es jedoch nicht zu dieser Bestätigung, führt das zu Irritationen. Ihr System versucht dann mit allen Mitteln, wieder in die „Balance" zu kommen, also dem gespeicherten Verhalten wieder zu entsprechen.

Was bedeutet das fürs tägliche Leben? Wenn Sie jahrelang immer die gleichen Dinge erleben, die das Körper-Geist-System stets bestätigt, ist die Welt für Ihr System in Ordnung. Auch wenn es Ihnen dabei schlecht geht. Sind wir beispielsweise von Kind an daran gewöhnt, von unseren Eltern keine Aufmerksamkeit zu bekommen, sagt unser Körper-Geist-System, dass alles in bester Ordnung ist. Im Erwachsenen würde das System ruhig weiterarbeiten, weil alles so wie immer ist. Selbst wenn Sie nach wie vor unter diesem Mangel leiden, der sich in Ihrer Beziehung vielleicht fortsetzt.

Begegnet Ihnen dann auf einmal ein Mensch, der Ihnen Aufmerksamkeit und Zuwendung entgegenbringt, dann kommt Ihr Körper-Geist-System in Aufruhr. Es hat keine „Information“ gespeichert für diesen Fall und folglich keine Handhabe parat, um damit umzugehen. Unsicherheit im System entsteht und sofort werden alle Abwehrmechanismen aktiviert. Sie verhalten sich dann unbewusst nach Ihren alten Mustern und Sichtweisen und wehren die plötzliche Aufmerksamkeit und Zuwendung vielleicht gekonnt ab, damit alles wieder so wie früher ist bzw. sein kann. Ihr System ist zufrieden, denn die alte Ordnung ist erneut hergestellt. Meistens setzt das System sogar noch einen drauf und vermittelt Ihnen: „Das habe ich doch gleich gewusst, dass das nicht gut gehen kann!“ Das Körper-Geist-System ist wieder in Balance – wie eh und je.

Was bedeutet das? Für unser Körper-Geist-System ist eine erfüllte negative Erwartung oder Sichtweise etwas Positives. Als wäre es ein Glücksfall, wenn sich wieder mal ein unbewusster Glaubenssatz erfüllt hat. Dann behält das System nämlich Recht. Und das wird sich nicht ändern, solange Sie nicht in der Lage sind, dieses Paradoxon durch Selbstbeobachtung zu erkennen und es zum Beispiel mit der Herzintegration zum Positiven zu verwandeln bzw. neu zu programmieren.

Grundsätzlich liegt all diesen Glaubenssätzen, Gewohnheiten, Sichtweisen und Überzeugungen eine negative Erfahrung zugrunde, die bis hin zu einer Traumatisierung gehen kann. Das macht es auch scheinbar so schwer, sich davon zu befreien. Würden Sie Ihrem Körper-Geist-System einfach nur mitteilen, dass all das, was Sie Ihr ganzes Leben lang erfahren haben, falsch und negativ war, käme es im System zu einer so großen Irritation, dass es kollabieren könnte. Deshalb ist die Form, wie Sie Ihrem System neue Erkenntnisse beibringen, entscheidend. Das muss wertschätzend und liebevoll geschehen.

Bei der Herzintegration werden all die alten Sichtweisen, Glaubenssätze, Verletzungen, Unsicherheiten, Erfahrungen, Ängste, Verhaltensmuster, Schattenseiten, Gewohnheiten oder Überzeugungen nicht mehr ausgegrenzt, sondern angenommen. Statt des Begriffs „ungeliebte Anteile“ können Sie auch das Bild von Kindern, die Sie ausgesperrt haben, benutzen. Die machen auch so lange Krach, bis Sie sie wieder hereinlassen. Mit der Herzintegration öffnen Sie ihnen die Tür.

Claire hatte jahrelang für einen Mann dessen Firma aufgebaut und dabei all ihre Energie in die Beziehung und den Aufbau seiner Firma gesteckt. Sie glaubte all seinen Versprechen und hatte deshalb weder darauf gedrängt zu heiraten, noch sich an der Firma beteiligen zu lassen. Nach zwölf Jahren trennte sich der Mann von ihr. Damit war sie mit einem Schlag nicht nur ihre Beziehung, sondern auch ihren Job los. Kurz: Ihr ganzes Leben brach zusammen. Über Monate hinweg war sie verzweifelt, tief verletzt und unfähig zu arbeiten. Während einer Einzelsitzung begannen wir mit der Herzintegration. Wir integrierten ihre Enttäuschung, das Gefühl, betrogen worden zu sein, ihren Schmerz, ihre Verletzung, die Sinnlosigkeit, eine Beziehung zu führen, den Vertrauensmissbrauch, ihr Gefühl, ausgenutzt worden zu sein, usw. Dies dauerte allein eine Stunde. Danach erst war sie überhaupt wieder fähig, über ihr Schicksal zu sprechen, ohne in Tränen auszubrechen. Dies war natürlich nur der Anfang. Wir befragten auch das morphische Feld, wie es überhaupt dazu kommen konnte. Es gab einige Parallelen zu ihrer Kindheit und Jugend. Sie wurde nicht zum ersten Mal ausgenutzt. Es war fast schon „normal“ für sie. Wir erhielten alle notwendigen Informationen aus dem Feld, um ihre ungeliebten Anteile zu integrieren. Zu Hause machte sie selbst mit dieser Arbeit weiter und konnte nach kurzer Zeit wieder aktiv werden. Was unter anderem dazu führte, dass sie sich einen Rechtsanwalt suchte und die ihr zustehende Abfindung einforderte. Zuvor wäre ihr das nicht möglich gewesen.

Wie funktioniert die Herzintegration?

Die Herzintegration funktioniert wie eine Formel oder ein Ritual, das Sie situationsgerecht anwenden. Es ist nicht notwendig, sich vorher in einen meditativen Zustand zu bringen. Sie müssen auch keine weiteren Vorbereitungen treffen. Die Herzintegration können Sie zu jeder Tages- und Nachtzeit und an jedem beliebigen Ort ausführen. Es empfiehlt sich, die nachfolgenden Sätze der Übung immer laut auszusprechen, da Sie dadurch eine größere Wirkung erzielen, weil mehrere Sinne beteiligt sind. Sollte es aufgrund bestimmter Umstände mal nicht möglich sein, alles laut auszusprechen, können Sie das natürlich auch leise oder im Geiste tun.

Nehmen wir an, Sie haben durch MFL eine Angst oder Unsicherheit erkannt. Ihre Gefühle wollen Sie überwältigen. Doch dieses Mal bleiben Sie in der Beobachterposition. Sie beobachten sich von außen und handeln aus einer gewissen Distanz. Sie machen die Herzintegration und integrieren diese ungeliebten Anteile. Ein Ausbruch in heftige Gefühle wie Angst und Unsicherheit erübrigt sich damit. Nur so können Sie mit gesundem Menschenverstand entscheiden und handeln. Ansonsten produzieren Sie nur wieder mehr vom Gleichen und erfahren keine Besserung.

Die MFL Herzintegration

Die Herzintegration dient dazu, alte Verhaltensmuster und Schutzmechanismen aufzulösen und die dahinter verborgenen negativen Gefühle zu integrieren. Diese Übung funktioniert am besten, wenn Sie die Herzintegration wie eine wiederkehrende Zeremonie in Ihr Leben einbinden. Sprechen Sie den nachfolgenden Text, der in den einzelnen Schritten von 1. bis 5. erklärt wird, wie eine Formel laut aus.

1. „Ich sehe – mein Thema –"

Dieser erste Schritt dient der Anerkennung dessen, was integriert werden will. Sie sagen den Satz genau so, wie Sie ihn empfinden. Damit erkennen Sie an, dass da etwas Unangenehmes ist und dass Sie etwas tun können. Gleichzeitig stellt der Satz: „Ich sehe..." bereits die Einladung dar, mit der dieser nicht integrierte Anteil ins Körper-Geist-System zurückzukehren kann.

Beispiel: *Ich sehe meine Unsicherheit, wenn ich Englisch sprechen soll.*

2. „Ich segne – mein Thema –"

„Segnen" hat nichts Sakrales, es geht nur darum, dass Sie Ihre Absicht, Ihr Thema angehen und bekräftigen wollen. Sie drücken mit diesem Satz Ihre Ernsthaftigkeit, daran zu arbeiten, und Achtsamkeit aus.

Beispiel: *Ich segne meine Unsicherheit, wenn ich Englisch sprechen soll.*

3. „Ich nehme – mein Thema – dankbar an …"

Mit diesem Satz nehmen Sie das Thema, den nicht integrierten Anteil, wieder zu sich zurück und übernehmen erneut die volle Verantwortung dafür.

Beispiel: *Ich nehme meine Unsicherheit, wenn ich Englisch sprechen soll, dankbar an…*

4. „… und gebe – meinem Thema – einen Platz in meinem Herzen zur Heilung und Transformation"

In diesem Schritt findet nun die Integration, Transformation und Heilung statt. Das Herz ist nicht nur ein Organ, sondern wirkt wie eine „energetische Waschmaschine", die alles transformiert.

Beispiel: … *und ich gebe meiner Unsicherheit, wenn ich Englisch sprechen soll, einen Platz in meinem Herzen zur Heilung bzw. Transformation!*

5. Formulieren Sie einen positiven Verstärker für die Zukunft

Zum Abschluss geht es darum, Ihrem Thema einen guten Abschluss zu geben, indem Sie es für die Zukunft in einem positiven Bild verankern. Achten Sie deshalb auf positive Formulierungen wie: „Ich erlaube mir, der zu sein, der ich in Wahrheit bin: geliebt (von Gott gewollt), glücklich, angstfrei."

Beispiel: *Ich freue mich darauf, dass ich jetzt gleich Englisch sprechen darf, dafür habe ich lange geübt.*

Wenn Sie diese fünf Schritte vollzogen haben, erleben Sie sofort Erleichterung, inneren Frieden und Gelassenheit, die sich meistens mit einem tiefen Atemzug einstellen.

Solange Sie Schritt 5, den positiven Verstärker, nicht oder nur sehr schwer aussprechen können, wiederholen Sie von vorne. Oder Sie integrieren zuerst den Widerstand, das Festhalten oder die Weigerung, dieses Thema jetzt anschauen und bearbeiten zu wollen. Danach folgt wieder die ursprüngliche Herzintegration. Manchmal kann es passieren, dass eine Herzintegration bis zu sieben Mal wiederholt werden muss, bis das Thema tatsächlich fühlbar gelöst ist. Dies gilt auch, sollten Sie bereits während der Herzintegration Probleme damit haben, die Sätze auszusprechen.

Die Herzintegration als Mustertext

Ich sehe ....

Ich segne ....

Ich nehme .... dankbar an.

Und ich gebe .... einen Platz in meinem Herzen zur Heilung und zur Transformation.

Hier und jetzt entlasse ich mich aus ....,
da ich erkannt habe, dass mir .... schadet.
Ich erlaube mir ab sofort ...., indem ich fühle

und wahrnehme, was gerade für mich wichtig und richtig ist. Dies erlaube ich auch meinen Mitmenschen, frei von Beurteilung.

Der positive Verstärker ist nur ein Beispiel, das Sie beliebig variieren können. Die Hauptsache ist, der Herzintegration einen wohlwollenden Abschluss zu geben.

Tun Sie sich selbst etwas Gutes!

Sie können mit der MFL Herzintegration natürlich auch allem Positiven einen Platz in Ihrem Herzen geben. Vielen Menschen fällt es fast genauso schwer, ihre positiven Eigenschaften anzunehmen und diese zu integrieren. Das hängt oft mit alten Glaubenssätzen zusammen wie: „Bescheidenheit ist eine Zier," oder „Wer angibt, hat's nötig". Es lohnt sich, auch die eigenen positiven Seiten wohlwollend anzunehmen und zu integrieren, weil sie sich damit verstärken, was wiederum Ihr Selbstvertrauen stärkt.

Tasten Sie sich zum Beispiel mit folgendem Satz an Ihre guten Seiten heran: „Ich gebe mir einen Platz in meinem Herzen." Er verstärkt, dass Sie sich selber annehmen und gut finden. Danach kann es auch spezifischer werden. Zum Beispiel: „Ich sehe, dass ich gut mit Menschen umgehen kann," oder „Ich sehe meine Liebe für meine Familie, meinen Partner, meine Arbeit". Sie führen die Herzintegration wie zuvor beschrieben durch, nur jetzt eben mit positiven Argumenten, um sich selbst zu stärken. Anschließend stellt sich spürbare Erleichterung, Bestärkung, Freude, Präsenz und innerer Frieden ein. Letztendlich spielt es keine Rolle, welchen unserer Anteile wir als wertvollen Teil des eigenen Selbst anerkennen. Entscheidend ist, dass wir alle Teile anerkennen und integrieren, um ein freies und glückliches Leben führen zu können.

Unterstützende Ergänzungen

Es gibt zwei wertvolle Zusätze, um die Anfangssätze (Schritt 1 und Schritt 2) der Herzintegration zu erweitern. Einer davon lautet: „... weil ich es nicht besser wusste." Das dient dazu, sich gleich zu Anfang von einer möglichen Schuld zu distanzieren und erleichtert uns, die vielleicht mit großen Emotionen verbundenen Sätze auszusprechen. Ein Beispiel: „Ich sehe mein Problem, mich immer klein und unbedeutend zu machen, weil ich es nicht besser wusste. Ich segne mein Problem, mich immer klein und unbedeutend zu machen, weil ich es nicht besser wusste." Oder: „Ich sehe, dass ich mit meinem Verhalten meine Familie verletzt habe, weil ich Aufmerksamkeit bekommen wollte und es nicht besser wusste. Ich segne, dass ich mit meinem Verhalten meine Familie verletzt habe, weil ich Aufmerksamkeit bekommen wollte und es nicht besser wusste."

Der zweite Zusatz stammt von einem befreundeten Arzt. Er hatte festgestellt, dass der Zusatz „... und gleichzeitig bin ich in Liebe" oder „... in Liebe zugleich" wie ein Schwamm wirkt, der die unguten Gefühle und andere schwierige Aspekte der Situation aufsaugt und damit integriert. Sie fügen also zum Beispiel der zu integrierenden negativen Überzeugung hinzu: „Ich sehe meine Überzeugung, dass ich nicht gut genug für meinen Mann bin, und gleichzeitig bin ich in Liebe." Das bedeutet sinngemäß, dass Sie sich, egal was passiert, lieben, wie Sie sind. Das gleiche machen Sie beim zweiten Satz der Herzintegration: „Ich segne meine Überzeugung, dass ich nicht gut genug für meinen Mann bin, und gleichzeitig bin ich in Liebe." Damit bestätigen Sie sich, dass Sie sich trotz der negativen Überzeugung lieben.

Gerade mit dem Zusatz „und gleichzeitig bin ich in Liebe" können Sie ganz wunderbar arbeiten, wenn Ihnen das genaue Thema noch nicht ganz klar ist. Ich erlebe immer wieder, wie die Themen beginnen aufzuweichen. Das bedeutet, dass sich die Schutzschichten, die darüber liegen, langsam auflösen und Sie näher an die tatsächliche Ursache herankommen, weshalb

Sie beispielsweise gerade ein schlechtes Gefühl haben. Ist ein Thema eindeutig identifiziert, braucht es den Zusatz nicht. Er schadet aber nicht. Eine weitere sehr wirkungsvolle Unterstützung, um auch gleich Ihre Körperebene während der Korrektur mit einzubeziehen ist, sich selber zu beklopfen. Verschränken Sie dazu Ihre Arme vor der Brust, sodass Ihre Handflächen auf den Oberarmen liegen. Sie können auch Ihre Oberschenkel dafür benutzen. Klopfen Sie nun sanft abwechselnd rechts links, während der gesamten Herzintegration, mit all Ihren Fingern oder der ganzen Hand auf die Oberarme oder Oberschenkel. Während Schritt 1 und 2 sprechen Sie am Ende eines jeden Satzes: .....„und ich korrigiere" Bei Schritt 3 sagen Sie am Ende die Worte: .....„und ich verzeihe mir" Klopfen Sie weiter bis Sie die Herzintegration abgeschlossen haben. Wenn Sie etwas Positives integrieren, ersetzen Sie „und ich korrigiere", in „und ich verstärke".

Die erweiterte MFL Herzintegration als Mustertext

Ich sehe ...., gleichzeitig bin ich in Liebe, und ich korrigiere.

Ich segne ...., gleichzeitig bin ich in Liebe, und ich korrigiere.

Ich nehme .... dankbar an, und ich verzeihe mir.

Und ich gebe .... einen Platz in meinem Herzen zur Heilung und zur Transformation.

Hier und jetzt entlasse ich mich aus ...., da ich erkannt habe, dass es mir schadet. Ich erlaube mir ab sofort ...., indem ich fühle und wahrnehme, was gerade für mich wichtig und richtig ist. Dies erlaube ich auch meinen Mitmenschen, frei von Beurteilung.

Im hawaiianischen Schamanismus gibt es übrigens eine ähnliche Methode wie die MFL Herzintegration, sie heißt Ho'oponopono. Es handelt sich um ein altes Vergebungsritual, bei dem es darum geht, ungeliebte Aspekte anzuerkennen. Dies geschieht mit den Sätzen: „Es tut mir leid – bitte vergib mir – ich liebe dich – Danke."

Selbstheilung

MFL eignet sich hervorragend dafür, sich innerhalb eines Selbstprozesses, wie ich es nenne, Fragen zu sich selbst vom Feld beantworten zu lassen. Sie bitten in diesem Fall nicht jemand anderen, für Sie zu lesen, sondern tun dies selbst. Immer wieder erlebe ich in Workshops, wie heilsam ein solcher Selbstprozess sein kann. Oftmals haben die Teilnehmer Respekt vor allem, was da an alten, schmerzvollen oder unangenehmen Erfahrungen kommen könnte. Doch auch dann erweist sich das morphische Feld als liebevoll und achtsam. Das Thema kommt in exakt der Leichtigkeit, dass Sie es gut verarbeiten können. Umso größer aber ist hinterher die Erleichterung und Freude, wenn das belastende Thema endlich aufgelöst ist. Bei manchen stellt sich sogar so etwas wie Euphorie ein. Weil das Selbstwertgefühl enorm gestärkt wird, hat man endlich eine große alte Hürde genommen.

Sollten Sie also selbst ein persönliches Thema bearbeiten wollen, berücksichtigen Sie bitte immer: Ihre Haltung dabei ist wichtig! Egal, wie groß ein Thema anfänglich scheinen mag, es ist immer nur ein Teil von Ihnen. Sie sind der/die Große, Sie sind das gesamte Körper-Geist-System, dass sich aus vielen Teilen zusammensetzt. Alleine die Tatsache, dass Sie alle Themen, die

Sie integrieren, zur Heilung in Ihr Herz nehmen können, zeigt, dass Sie viel größer sind, als Alles, was an Themen daherkommt. Und das ist entscheidend. Wir vergessen das nur leider allzu oft, vor allem dann, wenn uns gerade mal wieder eine Geschichte emotional aus der Bahn wirft.

Stellen Sie sich vor, Sie halten einen Stecknadelkopf ganz dicht vor die Augen. Er wird Ihnen riesig erscheinen, da Ihr Sichtfeld stark eingegrenzt ist. Wenn Sie ihn nun aber aus einigem Abstand betrachten, sehen Sie die wahre Größe, oder besser gesagt, wie klein ein Stecknadelkopf wirklich ist. Mit unseren Lebensthemen verhält es sich genauso. In dem Moment, wo wir etwas Abstand gewinnen, sprich, uns nicht mehr so stark damit identifizieren, zeigt sich die reale Größe, und ein Thema wird auf einmal lösbar.

Vielleicht erscheint es Ihnen anfänglich ungewohnt, doch machen Sie es sich wirklich zu Ihrer Haltung, die/der Große zu sein und dies mit Ihrem ganzen Körper zu spüren. Sie werden sehr schnell wahrnehmen, wenn ein innerer Anteil, meistens das Ego, die Herrschaft übernommen hat. Dann gilt es, schnellstens wieder selbst Ihren Platz als Herr bzw. Herrin in Ihrem Haus einzunehmen. Ein wesentlicher Nebeneffekt: Häufig hört dann sofort das Gefühl auf, überfordert zu sein. Das ist auch nachvollziehbar, schließlich sind Sie der Große, der Erwachsene, der mit einem starken Gefühl von Selbstsicherheit jegliche Lebenssituation meistern kann.

Nach meiner Erfahrung folgt der Körper dem Geist. Dies bedeutet: Wer im Selbstprozess problematische Themen geistig auflöst, stellt dabei fest, dass sich adäquat dazu auch körperliche Probleme auflösen. Dies kann ein wenig dauern, weil der Körper einfach dichter in seiner Materie ist, manchmal aber passiert das fast genauso schnell wie auf der geistigen Ebene.

Beispiele für die angewandte MFL Herzintegration

Es gibt unzählige Beispiele, die anschaulich demonstrieren, wie gut die Herzintegration funktioniert. Letztlich geht es immer wieder um unbegründete Ängste, Unsicherheiten, das Gefühl, ein Versager oder irgendwie nicht richtig zu sein. Solche Gefühle schränken uns ein in unserer Entscheidungs- und Handlungsfreiheit. Es geht deshalb darum, diesen „Irrtum" aufzudecken und uns so, wie wir sind, anzuerkennen. Denn es gibt keinen Menschen auf der Welt, der dank seiner Talente und Begabungen nicht zugleich einen Beitrag für alle Menschen leistet. Niemand ist unnütz!

Nachfolgend möchte ich Ihnen einige Beispiele exemplarisch erzählen, damit Sie ein besseres Gefühl für die Themen und den zu sprechenden Text bekommen. Sie können diese Beispiele auch laut lesen und dabei die Wirkung auf sich selbst beobachten. Wie fühlen Sie sich, während Sie das lesen, was macht das eine oder andere Beispiel mit Ihnen? Verändert sich etwas zum Positiven?

Roman ist ein kräftiger Bursche, trotzdem hat er, seit er denken kann, das Gefühl, nicht gut genug und ein Versager zu sein. Das kommt zum Teil aus seiner Familie, da er einen älteren Bruder hat, dem immer alles gelang und er derjenige war, dem vieles schwerer fiel. Mit diesem Gefühl kam er zu mir. Nach einem kurzen Gespräch war ihm klar, dass ihn die Überzeugung, ein Versager zu sein, und das Gefühl, dass er nicht gut genug war, stark in seinem Fortkommen behinderten. Die Herzintegration begann wie folgt:

Ich sehe meine Überzeugung, dass ich nicht gut genug und ein Versager bin, gleichzeitig bin ich in Liebe, und ich korrigiere.

Ich segne meine Überzeugung, dass ich nicht gut genug und ein Versager bin, gleichzeitig bin ich in Liebe, und ich korrigiere.

Ich nehme meine Überzeugung, dass ich nicht gut genug und ein Versager bin, dankbar an, und ich verzeihe mir.

Und ich gebe alldem einen Platz in meinem Herzen zur Heilung.

Tief in meinem Herzen weiß ich, dass ich ein wertvoller Mensch bin und genauso viel wert wie mein Bruder. Hier und jetzt entlasse ich mich aus meiner Überzeugung, nicht gut genug und ein Versager zu sein. Gleichgültig, welche schlechten Erfahrungen ich gemacht habe, weiß ich tief in meinem Herzen, dass ich vollkommen und ein geliebtes Kind Gottes bin.

Er nahm danach einen tiefen Atemzug und strahlte über das ganze Gesicht. In diesem Moment fühlte er sich stark und seinem Bruder gegenüber gleichwertig. Gleichzeitig verlor er die Distanz, die sich zwischen ihm und seinem Bruder aufgebaut hatte und konnte wieder mehr Nähe zulassen.

Olaf's Haltung dem Leben gegenüber war zögerlich und ablehnend. Bei genauerem Nachfragen hielt er die Welt für einen völlig unsicheren Platz. Dieser Glauben, den er in seiner Jugend entwickelt hatte, bereitete ihm in seinen Alltag zunehmend Probleme. Deshalb begann er, sich zu ergründen, und bat mich um Hilfe. Um der Ursache näher zu kommen, fragte ich ihn, wann diese negative Haltung begann. Nach kurzem Überlegen fiel ihm ein, dass alles eigentlich mit dem plötzlichen Tod seines geliebten Hundes „Stupsi“ anfing. Er begann mit folgender Herzintegration:

Ich sehe meine Ablehnung der Welt und dem Leben gegenüber, gleichzeitig bin ich in Liebe, und ich korrigiere.

Ich segne meine Ablehnung der Welt und dem Leben gegenüber, gleichzeitig bin ich in Liebe, und ich korrigiere.

Ich nehme meine Ablehnung der Welt und dem Leben gegenüber dankbar an, und ich verzeihe mir.

Ich gebe meiner Ablehnung einen Platz in meinem Herzen zur Heilung.

Hier und heute entlasse ich mich aus meiner Ablehnung dem Leben gegenüber und beginne wieder, dem Leben und der Welt zu vertrauen.

Heute weiß ich, dass ich mit Gott gebrochen habe, weil mein geliebter Hund „Stupsi" damals gestorben ist.

Lieber Schöpfer, es tut mir leid, dass ich damals mit dir gebrochen habe, weil ich es nicht besser wusste. Ich war so unendlich traurig. Heute bitte ich dich, dass du mich wieder als dein geliebtes Kind annimmst. Gerne stelle ich mich unter deinen Schutz und deinen Segen. Ich freue mich und bin glücklich, weil ich wieder erkennen darf, dass ich ein geliebtes Kind von dir bin.

Olaf musste noch einmal heftig weinen, weil er all die Jahre das furchtbare Gefühl der Einsamkeit unterdrückt hatte. Im Anschluss integrierte er auch noch dieses Gefühl und war enorm erleichtert. Seine Haltung dem Leben gegenüber veränderte sich langsam, aber merklich. Wann immer negative Gedanken in ihm auftauchten, integrierte er sie sofort.

Alexander hatte sein Studium mit Auszeichnung abgeschlossen und war dennoch der Meinung, für all die ausgeschriebenen Stellen noch nicht gut genug zu sein. Dieses Gefühl kannte er, so lange er denken konnte. Es war gleichzeitig sein größter Antreiber, um immer noch besser zu werden. Auf die Frage, wann er dieses Gefühl zum ersten Mal erlebt hatte, erwiderte er, dass er stets mit seinem Vater in einem sportlichen Wettkampf gestanden habe, als Kind aber meistens verloren hatte, da sein Vater körperlich überlegen war. Er hatte sich eigentlich zum Coaching entschlossen, um noch besser zu werden, damit er sich überhaupt auf eine Arbeitsstelle bewerben konnte. Seine erste Herzintegration lautete wie folgt:

> *Ich sehe meinen alten Glaubenssatz, dass ich nicht gut genug bin, gleichzeitig bin ich in Liebe, und ich korrigiere.*
>
> *Ich segne meinen alten Glaubenssatz, dass ich nicht gut genug bin, gleichzeitig bin ich in Liebe, und ich korrigiere.*
>
> *Ich nehme meinen alten Glaubenssatz, dass ich nicht gut genug bin, dankbar an, und ich verzeihe mir.*
>
> *Und ich gebe meinem alten Glaubenssatz einen Platz in meinem Herzen zur Heilung.*
>
> *In Wahrheit weiß ich, dass ich alles Wissen schon in mir trage und dass nur meine Beurteilung von mir selbst mir das Gefühl gibt, nicht ausreichend zu sein. Hier und heute entlasse ich mich aus meiner strengen Beurteilung mit dem tiefen Wissen, dass ich vollkommen bin. Mit meinem ausgezeichneten Studienabschluss erlaube ich mir, mich nun auf eine mir angemessene Stelle zu*

bewerben. Ich entlasse mich gleichzeitig aus dem alten sportlichen Wettkampf mit meinem Vater. Ich bin frei, mich vollkommen zu fühlen und der zu sein, der ich in Wahrheit bin.

Alexander reckte und streckte sich, er hatte das Gefühl, dass eine Tonnenlast von ihm abfiel. Freiheit und Erleichterung stellten sich körperlich spürbar ein. Die Sitzung war damit auch schon beendet, da er nun wusste, dass sein Wissen und sein Können völlig ausreichend waren, und er das auch körperlich spürte.

Aufgrund seiner Kompetenz – und seiner neuen Lebenshaltung – wurde er kurzerhand von einer internationalen Versicherungsgruppe in deren Elite-Trainingsprogramm aufgenommen, das er mit großem Erfolg abschloss, um anschließend im Management der Firma zu arbeiten.

Die folgenden Beispiele handeln von Menschen, die unter negativen Gefühlen leiden. Dazu gehören Panik, Trauer, Scham, Wut, übertriebene Sorge oder auch Selbstmitleid. Vergessen Sie nicht, auch immer wieder laut zu lesen.

Joseph ist ein loyaler Angestellter. Er bekam immer ein schlechtes Gefühl, wenn er unerwartet zu einem Gespräch mit seinem Chef gerufen wurde. Es machte sich jedes Mal – alt bekannt und zugleich vertraut – in seinem Bauch breit, nur zuordnen konnte er es nicht. Deshalb entschloss er sich, der Sache auf den Grund zu gehen und kam zu einer Sitzung. Um diesem undefinierten Gefühl beizukommen, fingen wir damit an, genau dieses Gefühl zu thematisieren. Seine Herzintegration lautete:

Ich fühle mein unbehagliches, schlechtes Gefühl, weil ich gleich ein unerwartetes Gespräch mit meinem Chef habe, gleichzeitig bin ich in Liebe, und ich korrigiere.

Ich segne mein unbehagliches, schlechtes Gefühl, weil ich gleich ein unerwartetes Gespräch mit meinem Chef habe, gleichzeitig bin ich in Liebe, und ich korrigiere.

Ich nehme mein unbehagliches, schlechtes Gefühl, weil ich gleich ein unerwartetes Gespräch mit meinem Chef habe, dankbar an, und ich verzeihe mir.

Und ich gebe diesem unbehaglichen, schlechten Gefühl einen Platz in meinem Herzen zur Heilung.

Hier und heute weiß ich, dass ich nichts Schlechtes zu erwarten habe, dass ich auch schwierigen Situationen gewachsen bin. Ich freue mich auf ein sehr konstruktives Gespräch mit meinem Chef.

Jetzt, da Joseph dieses Gefühl integriert hatte und sich Zeit nahm, seine Aufmerksamkeit darauf zu richten, erinnerte er sich, dass er immer Angst hatte, wenn sein Vater ihn rief. Meistens hatte er zuvor etwas angestellt und erwartete eine Strafe durch seinen Vater. Mit der Herzintegration wurde die alte Erfahrung bereits transformiert. Das ist ein typisches Beispiel für das, was ich eingangs als „an-/aufweichen" beschrieben habe. Die Herzintegration machte den eigentlichen Ursprung sichtbar. Sicherheitshalber integrierte Joseph auch noch die alte Angst vor einer Strafe. Er fühlte sich sofort erleichtert.

Petra, blond gelockt mit Puppengesicht, ist ein außerordentlich schönes und liebenswertes Kind. Sie kann stundenlang alleine spielen, solange alles so läuft, wie sie es sich vorstellt. Wenn jedoch beispielsweise ihr Lego-Haus zusammenfällt, wird sie zur kleinen Furie – wütend und extrem aggressiv – und schmeißt alle Lego-Teile durch die Wohnung. In diesem Zustand ist sie auch nur sehr schwer zu beruhigen. Ihre Mutter kam deshalb mit ihr zu mir, um über das morphische Feld die Ursache dafür herauszufinden. Beim Lesen kam als Antwort der Vorschlag, ihre Wut darüber, dass etwas kaputt geht, zu integrieren. Ich schlug Petra ein Spiel vor, bei dem es darum geht, mir ein paar Sätze möglichst genau nachzusprechen. Sie begann sofort begeistert:

Ich sehe meine Wut, weil immer alles kaputt geht, gleichzeitig bin ich in Liebe, und ich korrigiere.

Ich segne meine Wut, weil immer alles kaputt geht, gleichzeitig bin ich in Liebe, und ich korrigiere.

Ich nehme meine Wut, weil immer alles kaputt geht, dankbar an, und ich verzeihe mir.

Und ich gebe meiner Wut einen Platz in meinem Herzen zur Heilung.

Hier und jetzt entlasse ich mich aus meinen Wutanfällen, weil ich weiß, dass es mir damit überhaupt nicht gut geht. Ich habe gelernt, dass ich Dinge erschaffen kann und dass diese auch wieder kaputtgehen. Das ist nicht schlimm, denn ich kann sie wieder erschaffen, wie ein Lego-Haus.

Petra atmete richtig durch und lächelte wissend. Sie war ganz froh um ihre neue Erkenntnis, konnte sofort spüren, dass sich etwas verändert hatte und beschrieb das mit den Worten:

„Jetzt ist mir ganz leicht."

Pamela hatte ungeschützten Sex mit einem Mann, den sie kaum kannte. Die Erregung war einfach zu groß, um auch noch über Safer Sex nachzudenken. Im Nachhinein erfuhr sie von ihm, dass er HIV-positiv war. Pamela wurde sofort panisch und hysterisch. Sie konnte erst zwei Tage später einen Test machen lassen, da sie sich im Ausland befand. Hochemotional rief sie mich an, um lesen zu lassen, ob sie sich infiziert hatte. Ich erklärte ihr, dass ich keine Diagnose stellen könne und dürfe, ihr aber die Antwort aus dem morphischen Feld weitergeben könne. Die war eindeutig: Nein, keine Infektion. Das beruhigte sie nur wenig, die Panik, sich angesteckt zu haben, war einfach zu groß. Ich riet ihr, mit der folgenden Herzintegration zu arbeiten, um wenigstens ein wenig aus dem Stress zu finden, den sie sich machte:

Ich sehe meine große Panik, dass ich mich mit HIV infiziert habe, gleichzeitig bin ich in Liebe, und ich korrigiere.

Ich segne meine große Panik, dass ich mich mit HIV infiziert habe, gleichzeitig bin ich in Liebe, und ich korrigiere.

Ich nehme meine große Panik, dass ich mich mit HIV infiziert habe, dankbar an, und ich verzeihe mir.

Und ich gebe meiner großen Panik einen Platz in meinem Herzen zur Heilung.

In Wahrheit weiß ich, dass ich gesund und stark bin.

Ich bin frei von jeglicher Infektion und bleibe ruhig und gelassen, bis ich das Ergebnis schwarz auf weiß erhalte.

Pamela wiederholte diese Integration auch nach unserem Telefonat mehrmals, bis sie sich einigermaßen beruhigt hatte.

Sobald die Panik wieder hochkam, sprach sie die Sätze laut aus, um sich erneut zu beruhigen. Der HIV-Test beim Arzt ergab schließlich, dass sie völlig gesund war.

Die Herzintegration hilft aber nicht nur in akuten Fällen. Gerade in Bezug auf vergangene Erlebnisse, die uns erschütterten, ist es sehr empfehlenswert, die emotionale Seite zu integrieren, um wieder den nötigen Abstand für objektive Entscheidungen zu bekommen.

Jessica verlor vor zwei Jahren ganz unerwartet ihren Mann bei einem Unfall. Sie konnte den Verlust einfach nicht überwinden, da er ihre ganz große Liebe war. Wenn auch nur die Rede auf ihren Mann kam, brach sie sofort völlig in Tränen aus. Sie fühlte sich alleingelassen und überfordert, ihr Leben allein meistern zu müssen. Um sie emotional zu stabilisieren und aus dieser intensiven Gefühlswelt zu erlösen, begannen wir wie folgt:

> *Ich sehe meine große Trauer über den unerwarteten Verlust meines Mannes und mein Gefühl der Überforderung und des Alleingelassen-Seins, in Liebe zugleich, und ich korrigiere.*
>
> *Ich segne meine große Trauer über den unerwarteten Verlust meines Mannes und mein Gefühl der Überforderung und des Alleingelassen-Seins, in Liebe zugleich, und ich korrigiere.*
>
> *Ich nehme meine große Trauer über den unerwarteten Verlust meines Mannes und mein Gefühl der Überforderung und des Alleingelassen-Seins dankbar an, und ich verzeihe mir.*
>
> *Und ich gebe meiner großen Trauer und dem Gefühl der Überforderung und des Alleingelassen-Seins einen Platz in meinem Herzen zur Heilung.*
>
> *Hier und heute entlasse ich mich mit allem Respekt aus meiner großen Trauer mit dem Wissen, dass das Leben für mich weitergehen muss und dass auch das Unabänderliche ein Teil meines Lebens ist. In Wahrheit weiß ich,*

dass ich mein Leben auch alleine meistern kann, selbst wenn es anfänglich schwerfällt. Tief in meinem Herzen bleibe ich immer mit meinem Mann verbunden und ich kann ihn jederzeit spüren, wenn ich es möchte. Dennoch bin ich jetzt frei, mein Leben für mich weiterzuleben, um wieder glücklich sein zu können.

Nach diesen Worten versiegten Jessicas Tränen. Sie begann ganz langsam darüber zu sprechen, was alles durch den plötzlichen Tod ihres Mannes mit ihr passiert war. Sie empfand eine unglaubliche Befreiung, da sie bisher immer das Gefühl hatte, völlig von ihren Emotionen überwältigt und regelrecht weggespült zu werden. Nun war der Boden für die eigentliche Arbeit bereitet. Es folgten weitere Herzintegrationen, mit denen sie auch ihren Ärger, ihre Wut und ihre Hilflosigkeit annahm. Nach der Sitzung begann für Jessica ein neues Leben, das sie selbst steuerte.

Oft entwickeln wir auch Strategien, um bestimmte unangenehme Situationen gezielt und scheinbar sicher zu umgehen. Wir tun das, weil wir uns damit schützen wollen. Leider sind solche Schutzmechanismen aber oft nicht mehr zeitgemäß oder sogar von Menschen, die uns prägten, übernommen. Wir lassen uns von diesen Automatismen leiten, weil wir es in den entsprechenden Situationen nicht besser wissen. Schutzmechanismen funktionieren wie Virenscanner auf dem Computer, deshalb sollten sie stets up to date sein.

Eva hatte große Probleme damit, sich auf einen Mann und damit auf eine Partnerschaft einzulassen. Sie wurde von ihrer Mutter alleine groß gezogen, da ihr Vater kurz nach ihrer Geburt die Familie verlassen hatte. Ihre Mutter war dadurch tief verletzt und ließ auch keine Gelegenheit aus, um schlecht über ihren Vater zu sprechen. Da Evas Sehnsucht nach einer erfüllten Partnerschaft immer mehr zunahm, kam Sie während eines Workshops zu mir. Sie erzählte mir davon und bat mich, für sie im morphischen Feld zu lesen. Der erste Hinweis lautete, ihren Wunsch nach Partnerschaft anzunehmen, das weitere würde sich daraus ergeben. Also begannen wir mit einer Herzintegration zu diesem Thema:

Ich sehe meinen großen Wunsch nach einer erfüllten Partnerschaft, gleichzeitig bin ich in Liebe, und ich korrigiere.

Ich segne meinen großen Wunsch nach einer erfüllten Partnerschaft, gleichzeitig bin ich in Liebe, und ich korrigiere.

Ich nehme meinen großen Wunsch nach einer erfüllten Partnerschaft dankbar an, und ich verzeihe mir.

Und ich gebe meinem großen Wunsch nach einer erfüllten Partnerschaft einen Platz in meinem Herzen zur Heilung.

Weiter kamen wir gar nicht, da sie auf einmal in Tränen ausbrach und rief, dass das so nicht gehen könne, weil alle Männer „Schweine“ wären und kein Verlass auf sie sei. Daraufhin änderten wir den Text der Herzintegration, um die Überzeugung, dass alle Männer so schlecht waren (die von ihrer Mutter stammte), wie folgt zu integrieren:

Ich sehe die Überzeugung meiner Mutter, dass alle Männer Schweine sind und dass auf sie kein Verlass ist, gleichzeitig bin ich in Liebe, und ich korrigiere.

Ich segne die Überzeugung meiner Mutter, dass alle Männer Schweine sind und dass auf sie kein Verlass ist, gleichzeitig bin ich in Liebe, und ich korrigiere.

Ich nehme die Überzeugung meiner Mutter, dass alle Männer Schweine sind und auf sie kein Verlass ist, dankbar an, und ich verzeihe mir.

Und ich gebe der Überzeugung meiner Mutter einen Platz in meinem Herzen zur Heilung.

Liebe Mutter, gerne habe ich all die Jahre deine Überzeugungen über Männer für dich mitgetragen. Hier und jetzt gebe ich dir deine Überzeugungen über Männer zurück. Du bist die Große und ich bin die Kleine. Ich gebe dir deine Verantwortung zurück und ich nehme meine Verantwortung zu mir zurück. Ich achte und ehre dein Schicksal, bitte schau liebevoll auf mich. Du bist frei - und ich bin frei. Ich wähle nun ein für mich stimmendes, neues Männerbild, damit ich mich auf eine glückliche und erfüllte Partnerschaft einlassen kann. Ich bin mir sicher, den richtigen Mann zu finden und mit ihm eine glückliche Partnerschaft zu leben.

Danach atmete Eva befreit auf. Sie spürte, dass sie bereit war, den richtigen Mann zu finden und sich auf ihn einlassen zu können. Immer wieder sagte sie, dass sie gar nicht fassen könne, wie sehr sie die Schutzhaltung ihrer Mutter übernommen hatte.

Sie ging ganz beschwingt aus der Sitzung. Wenige Wochen später erhielt ich eine kurze E-Mail, in der sie sich für die hilfreiche Sitzung bedankte und erzählte, dass sie bereits jemand gefunden habe und schwer verliebt sei.

Manuel lebte in der tiefen Überzeugung, dass er sein Leben allein nicht meistern könne. Deshalb suchte er sich wohlhabende Lebenspartner und brachte sich damit immer in eine Abhängigkeit. Sobald eine Beziehung beendet war, stand er vor dem

Nichts und suchte den nächsten Versorger. Als er wieder einmal vor dem Nichts stand, kam er zum Coaching. Wir begannen damit, sein Abhängigkeitsgefühl zu integrieren:

Ich sehe meine tiefe Überzeugung, dass ich mein Leben allein nicht meistern kann und mich deshalb in Abhängigkeiten stürzen muss, gleichzeitig bin ich in Liebe, und ich korrigiere.

Ich segne meine tiefe Überzeugung, dass ich mein Leben allein nicht meistern kann und mich deshalb in Abhängigkeiten stürzen muss, gleichzeitig bin ich in Liebe, und ich korrigiere.

Ich nehme meine tiefe Überzeugung, dass ich mein Leben allein nicht meistern kann und mich deshalb in Abhängigkeiten stürzen muss, dankbar an, und ich verzeihe mir.

Und ich gebe dieser tiefen Überzeugung einen Platz in meinem Herzen zur Heilung.

In Wahrheit weiß ich, dass ich mein Leben jederzeit meistern kann, gleichgültig, ob meine Eltern mir mit auf den Weg gegeben haben, dass ich unfähig sei. Ich entlasse mich aus der Überzeugung, dass ich nur überleben kann, wenn ich mich in Abhängigkeit begebe. Hier und heute entscheide ich, mich aus meinem alten Muster, dass ich nur in Abhängigkeit überleben kann, zu entlassen. Ich freue mich über meinen neugewonnenen Selbstwert und werde zukünftig mein Leben alleine meistern.

Diese Einstellung war für Manuel völlig neu, sie fühlte sich jedoch sehr kraftvoll an. Nach und nach stieg ein Glücksgefühl in ihm auf, das er so noch nicht kannte – und das lediglich durch die Vorstellung, nicht mehr abhängig sein zu müssen und sein Leben allein auf die Reihe zu bekommen.

Sollten Sie sich vom einen oder anderen Beispiel angesprochen fühlen oder eines der Gefühle gut kennen, wiederholen Sie einfach die Sätze laut und Ihrem Thema angepasst. Wenn neue Gedanken oder Gefühle auftauchen, können Sie damit wieder genauso verfahren – so lange, bis Sie das Gefühl haben, dass das Thema sich aufgelöst hat.

Die MFL Herzintegration ist ein kraftvolles Werkzeug, faszinierend auch in der einfachen Anwendung. Sie entdecken einen negativen Gedanken und integrieren ihn. Die Kraft, die darin liegt, dass Sie diese ungeliebten und oft ignorierten Gefühle endlich annehmen, kommt einer Vergebung gleich. Wir alle kennen das wunderbare Gefühl, mit uns selbst im Reinen zu sein. Die MFL Herzintegration ist ein einfacher und effizienter Weg, um das wieder zu spüren.

MFL LERNEN – LEBEN – ZELEBRIEREN

Eine gute Freundin prägte den Spruch: „Das Leben ist schön – auch ohne Probleme!“ Stellen Sie sich manchmal ein Leben ohne Schwierigkeiten vor? Ein Leben, in dem einfach alles läuft? Selbst wenn mal Herausforderungen auftauchen, erledigen sie sich mehr oder weniger von alleine? Sie sind auf alle Eventualitäten vorbereitet, weil Sie jegliche Entscheidung nur aus Ihrer Anbindung und damit aus Ihrer persönlichen Mitte treffen? Nichts Unangenehmes überrascht Sie mehr, Sie sind jederzeit der Schöpfer in Ihrem Leben? Klingt gut, oder? Zuviel verspochen? Nein! So kann es tatsächlich in Ihrem Leben sein.

In den vorangegangenen Kapiteln haben Sie sehr viel darüber gelesen, wie Sie mit MFL wieder in die Kraft Ihrer Gefühle kommen. „Doch wie kriege ich all das in meinem Alltag unter?“, fragen Sie sich jetzt vielleicht. Das ist ganz einfach: Tun Sie es! „Das Leben ist eine Zeremonie – wert, mit einer Zeremonie gefeiert zu werden“, sagt Angaangaq, der Grönland-Schamane. Ist Ihr Leben eine tägliche Zeremonie? Oder ist es in gleichförmigen Gewohnheiten verkommen? Was ist noch übrig von Ihrem kindlichen Staunen, von dem ich im ersten Teil des Buches sprach? Ein Schlüssel ist die Begeisterung. Und die entsteht immer dann, wenn wir präsent sind – jeden Moment.

Durch MFL haben Sie die Möglichkeit, wieder zu sich selbst zu finden und fühlend wiederzuentdecken, was Ihnen so ganz nebenbei durch den Alltagsstress verlorenging. Lassen Sie das nicht mehr zu! Bleiben Sie mit Ihrer Aufmerksamkeit bei sich selbst! Die Auswirkungen sind phänomenal. Die lange verloren geglaubte Liebe und Freude kehren ganz selbstverständlich in Ihr Leben zurück. Das alles nur, weil Sie wieder bei sich zu Hause sind. Leben Sie Ihr Leben nach Ihren Wünschen und Absichten. Lassen Sie Ihre Werte wieder etwas gelten, indem Sie sie wieder leben. Feiern Sie sich und Ihr Leben in den alltäglichen kleinen Freuden. Sie glauben, Sie haben keine mehr? Dann halten Sie inne und fühlen Sie. Schon entschleunigen Sie und können Ihre eigene Wahrheit wiederentdecken.

MFL im Alltag

Gleichgültig, ob MFL Ihr uneingeschränkter Universalschlüssel für alle Gelegenheiten oder Ihr ganz persönlicher Lebensberater wird, beginnen Sie Ihren Tag mit der Erdungsübung. Sie werden den Unterschied erleben, wenn Sie völlig in Ihrer Mitte ruhend ins Büro kommen und Ihnen die schlechte Laune der Kollegen nicht schon am Morgen den Tag vermiest. Sie bleiben gelassen, sind durch ihre Abgrenzung geschützt und gleichzeitig durch Ihre Anbindung ans Feld im Fluss. Dazu kommt die Energie, die Ihnen auf diese Weise ständig zufließt. Sollten nun vielleicht auch noch richtungsweisende Fragen auftauchen, die Sie bisher alle mit dem Verstand beantworteten, nehmen Sie sich jetzt einfach kurz Zeit, um das Feld zu befragen und sofort die beste Entscheidung und damit verbunden die richtige Lösung parat zu haben. Schon ist Ihr berufliches Problem gelöst. Wenn Sie anschließend in der Mittagspause der Kollegin mit Hilfe der Herzintegration aus ihrer emotionalen Krise helfen, die sie wegen der ständig nörgelnden Schwiegermutter hat, wird Ihr Herz höher schlagen und noch mehr Liebe verströmen. Auch die Zuneigung Ihrer Kollegin ist Ihnen gewiss. Je nachdem, wie groß die Anforderungen im Beruf oder Geschäft für Sie sind, halten Sie bei den „kleinen Sachen“

nur inne und erfühlen die Antwort oder Sie verbinden sich mit dem morphischen Feld und lesen die beste Vorgehensweise und die Lösungswege. Utopie? Ich sage, lassen Sie es auf einen Versuch ankommen.

Das Notfall-Programm, wenn's mal kritisch wird

Kennen Sie das? Sie sind unausgeschlafen oder gestresst und stehen vor dem Schrank mit der Erkenntnis, dass Sie gerade etwas holen wollten, aber nicht mehr wissen, was das war. In diesem Zustand sind Sie hundertprozentig nicht geerdet. Landläufig nennt man das auch kopflos. So einfach lässt sich erkennen, ob Sie geerdet sind oder nicht.

Sollten Sie also in Hektik geraten oder im Chaos den Kopf verlieren, dann gilt Folgendes: Innehalten und überprüfen, wie es um die eigene Erdung und Abgrenzung steht. Sollten Sie feststellen, dass Ihre Wurzeln gen Himmel zeigen anstatt in Richtung Erde, schicken Sie sie bewusst wieder zurück in die Erde, wo sie hingehören. Das funktioniert auch in Situationen, in denen Sie sich nicht wohlfühlen, beispielsweise während einer Auseinandersetzung im Büro. Wenn Ihre Abgrenzung darunter gelitten hat, stellen Sie sie ganz schnell wieder mit dem Verwurzeln her. Somit steht einem konstruktiven Weiterarbeiten nichts mehr im Weg.

Wer regelmäßig die Erdungsübung macht, kann die Verbindung mit dem Feld ganz leicht wiederherstellen, indem er die Wurzeln wieder an den richtigen Platz bringt. Unmittelbar stellt sich das Gefühl ein, wieder in der eigenen Mitte zu sein.

Das Leben ist einfach

„Das Leben ist einfach", ein Satz, den ich wieder und wieder in meiner Arbeit wiederhole, weil er eine universelle Wahrheit beinhaltet. Doch was bedeutet das für den Einzelnen im Alltag? Lassen Sie uns noch ein bisschen in die Tiefe gehen. Was ist denn dieses Ich, um das es hier geht? Wer will denn ein einfaches Leben? Ist das mein Denken? Bin ich das in meiner Gesamtheit? Ist es das, wofür ich mich halte? Mein höheres Selbst?

Am ehesten ließe sich dieses Ich wohl mit Höherem Selbst oder Seele umschreiben. Mein Ego gaukelt mir vor, es sei das Ganze, obwohl es nur ein Teil von mir ist. Dieser Irrtum verursacht viele Probleme. Wenn es um das Ich geht, ist alles gemeint, was mich zu dem macht, der ich bin. Dazu gehört auch das Denken, aber eben nur als Instrument, als Teil von mir, und nicht in der übersteigerten Form des Egos. Ich bin das große Ganze und bestehe aus all diesen Teilen. Diese Unterscheidung ist deshalb so wichtig, weil wir nur so die Bedeutung der Intuition herausarbeiten können.

Machen Sie einmal folgende kleine Übung: Wenn Sie das nächste Mal beim Einkaufen sind und zum Beispiel Obst kaufen wollen, stellen Sie sich vors Regal, halten Sie einen Moment inne und legen Sie dabei Ihre Hand auf den Bauch oder Ihr Herz. Stellen Sie sich dann innerlich die Frage, welches Obst Ihr „Selbst" heute haben möchte? Die erste Antwort, die kommt, das kennen Sie jetzt schon, ist in dem Moment Ihre Wahrheit. Kommt beispielsweise Mango, gilt es, diese einfach zu kaufen. Doch Sie werden nach diesem ersten Impuls noch was ganz anderes erleben, nämlich Ihr Ego. Es wird wieder einmal eine lästige Diskussion vom Zaun brechen. „Wie kommst du denn da drauf? Die hast du ja noch nie genommen? Weißt du überhaupt, wie man die isst?“ Provokante Fragen über Fragen. Doch darauf lassen Sie sich nicht mehr ein. Sie wissen, dass Ihre Wahrheit immer das erste ist, was kommt.

Doch nicht vergessen: Dazu müssen Sie innehalten. Viele Ihrer Wahrheiten sind Ihnen bewusst, weil Sie sie seit Jahren und Jahrzehnten leben. Sie kennen vermutlich all Ihre Vorlieben und Abneigungen. Die Fragen, die Sie sich allerdings immer wieder mal stellen sollten, lauten: „Stimmt das heute noch für mich? Oder ist es vielleicht schon (längst) überholt?“ Wir kommen, um glücklich und frei zu sein, nicht darum herum, uns ab und zu diese Fragen zu stellen. Das muss man nicht turnusmäßig tun. Meistens sorgt das Leben selbst für ausreichend Gelegenheiten, die erfordern, bestimmte Situationen, Verhaltensweisen, Gewohnheiten, Einstellungen und sogar unser Weltbild zu hinterfragen.

Der sicherste Weg, unsere ureigene Wahrheit zu finden, führt über die Selbsterkenntnis. Nur wenn wir die hintersten Ecken unseres Selbst kennen, kommen wir Vermeidungsstrategien und Selbstbetrug auf die Schliche.

Doch überanstrengen Sie sich nicht. Vergessen Sie nicht, sich auch Zeit für Meditation und Ruhe einzuräumen. Sie meditieren übrigens auch schon, wenn Sie einfach nur in Stille sitzen. Meine Großmutter tat das regelmäßig und betrieb damit im Prinzip das, was wir heute eine passive bzw. kontemplative Form von Meditation nennen. Sie setzte sich während des Tages oder auch oft nach getaner Arbeit auf die Bank vor ihrem Haus und schaute in die Weite, genoss die Schönheit der Allgäuer Landschaft oder betrachtete die Wolken und die Berge. Sie wurde dabei ganz still. „Das ist wie ein Gebet,“ sagte sie immer. „Da bin ich meinem Schöpfer genauso nah wie in der Kirche.“ Um dies zu erleben, muss man allerdings nicht wie meine Großmutter im schönen

Allgäu leben oder jeden Tag in die Natur fahren. Sie können das bereits erfahren, wenn Sie sich die Ruhe und die Zeit gönnen, einfach allein und still mit sich zu sein.

Wieder Verantwortung für sich übernehmen

Je mehr Sie mit sich in Verbindung sind und je besser Sie Ihre ureigenste Wahrheit kennen, umso einfacher wird es, wieder die Verantwortung fürs eigene Leben zu übernehmen. Die unausweichliche Folge, wenn Sie tiefer in die Arbeit mit dem morphischen Feld eintauchen, ist, dass Ihnen sofort auffallen wird, wann Sie die Verantwortung abgeben. Sie werden sich mehr und mehr bewusst, dass Sie für alles, was in Ihrem Leben geschieht, die Verantwortung tragen. Sie bekommen, was Sie aussenden. Ursache und Wirkung sind völlig neutral und doch unglaublich konsequent. Glauben Sie mir, mit der Zeit werden Sie viel Freude dabei empfinden, Verantwortung für Ihr Leben zu übernehmen, weil Sie nach und nach in den Genuss der Unabhängigkeit kommen. Sie ernten die Früchte Ihrer neuen Lebensweise, und das stärkt Sie selbst ebenso wie Ihr Selbstbewusstsein. Sie „wissen" (fühlen), was für Sie wichtig ist und lassen sich kein X für ein U vormachen. Ihr selbstbestimmtes Leben, das ist das Ziel von MFL.

Eine weitere positive Nebenwirkung ist das Dienen. Dienen, fragen Sie sich vielleicht, was will er denn von mir? Ich muss zugeben, das Dienen ist ziemlich aus der Mode gekommen, oder? Wie lässt sich das schmackhaft machen? Sie kennen bestimmt Tage, an denen es Ihnen gut geht. Ich meine so richtig gut. Da freuen Sie sich über jede Kleinigkeit, nichts ist Ihnen zu viel, und Sie fühlen sich mit allem verbunden. Das ist die Ausgangsbasis fürs Dienen. Dienen soll weder Ruhm noch Ehre oder Anerkennung bringen, sondern aus Ihrem Herzen kommen. Wenn wir uns so richtig gut fühlen, macht es uns überhaupt nichts aus, zu helfen, wenn irgendwo eine Hand benötigt wird. Ob das der Schlüssel ist, der einer alten Dame in der Bahn heruntergefallen ist oder die Nachbarin, die Unterstützung braucht. Ganz egal, Sie ärgern sich nicht mehr darüber, sondern tun es aus dem Herzen und mit großer Freude. Dieser Zustand – ich persönlich finde ihn göttlich – stellt sich früher oder später ein, je mehr Bewusstseinsarbeit Sie machen. Denn je mehr Bewusstsein Sie für sich selbst und andere entwickeln, umso eher wird Ihre Herzensqualität den Maßstab für Ihr Handeln setzen. So schließt sich der Kreis immer wieder.

Es darf auch bei der Arbeit leicht gehen

Lassen Sie uns einen kurzen Blick auf die Systematik „Firma" werfen. All die Abläufe und die Zusammenarbeit von verschiedensten Abteilungen und Menschen gleichen einem großen und komplexen System. Immer wieder stellen die Leistungsträger in Firmen fest, dass es in den Abläufen hakt, weil etwas nicht rund läuft. Wenn Sie die Problematik von außen betrachten und beispielsweise ein Organigramm genau unter die Lupe nehmen und mit den Abläufen abgleichen, lassen sich Schwachstellen schnell identifizieren, so diese auf organisatorischen Mängeln beruhen. Stimmt jedoch die Zusammenstellung der Teams oder Abteilungen nicht, können Sie mit dem MFL herausfinden, welche Ursache den Arbeitsfluss stört. Das mag an einzelnen Personen liegen, deren Qualifikation nicht ausreicht, aber auch an unglücklich organisierten Abläufen. Wenn Sie nun die Frage an das morphische Feld stellen, wie sich die Abläufe im Workflow verbessern lassen, erhalten Sie detaillierte Antworten zu den Ursachen ebenso wie die bestmöglichen Verbesserungsvorschläge, damit zukünftig alles reibungslos ablaufen kann. Es zeigt sich genau, was innerhalb und außerhalb der Ordnung liegt.

Sobald klar ist, welche Position wie verändert werden soll, kann die Heilung im System stattfinden. Sind alle Positionen in die Ordnung gebracht, ist von außen eindeutig sichtbar und vor allem auch spürbar, dass das ganze System wieder fließend funktioniert.

Ein weiteres wichtiges Thema in der Welt der Arbeit ist das Personal. Die zentrale Frage: Ist der/die Angestellte an der richtigen Stelle, damit alle Beteiligten davon profitieren und glücklich sind? In meinem beruflichen Alltag werde ich von meinen Kunden immer wieder mit Fragestellungen dazu konfrontiert. Personalchefs oder leitende Angestellte, egal ob sie in großen oder kleinen Firmen arbeiten, wollen sicherstellen, dass sie sich für den richtigen Mitarbeiter entscheiden, denn es kostet viel Zeit und Aufwand, jemanden einzuarbeiten. Das gleiche gilt natürlich auch für die Bewerber, die ebenfalls nicht schon nach kurzer Zeit wieder auf die Suche nach einer neuen Stelle gehen wollen.

Wenn nun eine Bewerbung in einer Firma vorliegt, ist damit auch die Erlaubnis impliziert, dass gelesen werden darf. Zunächst geht es dabei um allgemeine Fragen wie: Stimmen die gemachten Angaben? Entspricht die Qualifikation der angebotenen Position? Passt der Bewerber in die Firma oder ins Team? Fallen die Antworten positiv aus, kann man noch etwas tiefer gehen und Themen hinterfragen, die meist nicht in der Bewerbung stehen. Zum Beispiel: Kann der/die Bewerber/in die Position ausfüllen? Hat er/sie ausreichend Erfahrung für den Job? Klappt die Zusammenarbeit mit den Kollegen im und außerhalb des Teams? Kann der/die Bewerber/in die gesetzten Ziele erreichen? Wie eignet er/sie sich als Führungskraft? Ist er/sie durchsetzungsfähig? Kollegial? Loyal? Verschwiegen? Vertritt er/sie die

Mission der Firma? Kann er/sie sich mit der Firma identifizieren und deren Leitbilder umsetzen? Das lässt sich ganz individuell gestalten. Entscheidend ist bei allen Fragen, die ans morphische Feld gestellt werden, dass die Intimsphäre des Bewerbers nicht verletzt wird. Sie bleibt durch die bereits mehrfach angesprochene Achtsamkeit und die liebevolle Art des morphischen Feldes immer gewahrt.

Dazu ein Beispiel aus meiner Beratungstätigkeit: Eines Tages rief mich Boris, ein langjähriger Kunde an, der eine Werbeagentur betreibt und eine Entscheidungshilfe brauchte. Er war auf der Suche nach einer Assistentin der Geschäftsführung. Er befand sich bereits in der Endauswahl, es gab noch zwei Bewerberinnen. Beide hatten schon zur Probe gearbeitet, durch ihre Leistungen überzeugt und sich gleichermaßen fachlich kompetent gezeigt. Sie unterschieden sich lediglich voneinander, weil die eine sehr extrovertiert und die andere genau das Gegenteil davon war. Boris konnte sich einfach nicht entscheiden. Deshalb bat er mich, mit Hilfe des Feldes noch einmal zu überprüfen, welche der beiden die passende Assistentin für ihn sei.

Die Einstiegsfrage lautete: „Welche der beiden Bewerberinnen soll ich einstellen?" Es tauchten zugleich zwei Bilder auf, ein Paradiesvogel und ein Reh. Der Paradiesvogel stand auf Nachfrage für die extrovertierte Bewerberin und das Reh für die introvertierte. Dann richtete sich unsere Aufmerksamkeit in den Fragen auf den Paradiesvogel. Das Feld gab als Antwort, dass sie gut in die Firma passen würde, da sie das Agentur-Prinzip „größer, schöner, weiter" verfolge. Das Bild dazu war: Sie flog durch die Räume der Agentur und wirbelte immer wieder wild herum. Sie flog allerdings nach kurzer Zeit auch wieder aus der Agentur hinaus. Auf die Frage, was dies zu bedeuten habe, kam: Sie würde gut mit den anderen mitwirbeln aber auch genauso schnell, wie sie gekommen war, wieder gehen. Dann richteten wir unsere Aufmerksamkeit und Fragen auf das Reh. Das stand ruhig, fast scheu auf einer Wiese. Auf die Frage, warum sie in die Agentur passte, kam folgende Antwort: Sie sei ein ruhender Pol, der all die anderen „Highflyer" immer wieder in die Entspannung und auf den Boden brächte. Sie sei auch die Bewerberin, die viel länger bleiben würde. Schließlich entschied sich Boris für diese Assistentin und hat seine Entscheidung nicht bereut.

Auch im Vertrieb bewährt sich MFL. Walter erzählte mir in einem weiterführenden Workshop folgende Begebenheit: Eines Morgens hatte er große Probleme, die für ihn sonst so einfache Akquisearbeit zu erledigen. Er schlich ständig ums Telefon herum und kam nicht vorwärts. Nach einer Stunde rief er seine Frau an, um sie zu bitten, für ihn im morphischen Feld zu lesen, was heute bloß mit ihm los sei. Gesagt, getan kam sie zu einem verblüffenden Ergebnis. Die Antwort aus dem Feld lautete, dass Walter sich an diesem Morgen eingesperrt fühle. Er wolle viel lieber draußen in der Natur sein, was tatsächlich an diesem Morgen schon auf dem Weg zur Arbeit so gewesen war. Da das nicht möglich war, weil er ja arbeiten musste, kam als nächster Lösungsvorschlag der Hinweis, er müsse einfach nur die Schuhe und Strümpfe ausziehen, um barfuß ein „kleines" Gefühl von Freiheit zu bekommen. Die Antwort irritierte Walter etwas, saß er doch im Anzug und mit weiteren Kollegen im Büro. Doch er tat, wie ihm geheißen wurde, und siehe da, es klappte. Die Akquise lief wie am Schnürchen. Dass MFL so praktisch, einfach und humorvoll ist, begeistert mich immer wieder.

Auch Rechtsanwälte nutzen die Methode. Auf den ersten Blick mag das widersprüchlich erscheinen. Doch auch in diesem Bereich funktioniert es ganz einfach. Wenn zum Beispiel ein Vertragswerk oder eine Klageschrift fertig ist, lässt sich die einfache

Frage ans Feld stellen, ob die Schrift schon vollständig sei oder Fehler beinhalte. Im Anschluss daran kommen genaue Angaben aus dem morphischen Feld, an welcher Stelle noch etwas fehlt oder verbessert werden muss. Das kann natürlich auch ein Laie machen, der einen Vertrag überprüfen muss, auch wenn die Änderungen dann der Fachmann wieder vornimmt.

Luisa wollte aus der Firma aussteigen, die sie gemeinsam mit ihrem Bruder besaß. Sie hatten die Firma von ihrem Vater abgekauft und in den letzten zehn Jahren sehr erfolgreich nach oben gebracht. Für Luisa war aber jetzt die Zeit gekommen, Ihrer Berufung zu folgen und mit Menschen zu arbeiten. Zu ihrem Austritt aus dem Geschäft gehörte natürlich auch ein Vertrag, der die Verantwortlichkeiten regelte, ihre Anteile an den Bruder überschrieb usw. Der Vertrag hatte insgesamt fast fünfzig Seiten. Sie war aufgrund ihrer jahrelangen geschäftsführenden Tätigkeit in rechtlichen Dingen nicht unbewandert, dennoch wollte sie den Vertrag einmal vom morphischen Feld prüfen lassen. Es kamen sehr eindeutige Hinweise: Auf Seite 17 befänden sich einige ungenaue Formulierungen, die zu ihrem Nachteil interpretierbar seien, auf Seite 34 stimme der Firmenwert nicht exakt, was zu Problemen mit dem Finanzamt führen könne usw. Sie ließ alle Hinweise aus dem Feld von Fachleuten überprüfen, und alle bestätigten sich als wichtig und richtig. Schließlich konnte sie den Vertrag mit gutem Gewissen unterschreiben. MFL ersetzt natürlich keine Rechtsberatung, dafür gibt es Fachleute. Dennoch erweisen sich die Hinweise aus dem Feld stets als sehr hilfreich und konstruktiv. Ganz zu schweigen von der Beruhigung, die sich einstellt, mit doppelter Absicherung zu arbeiten.

Für Therapeuten, Berater, Ärzte, Coaches etc.

Ein nicht unwesentlich großer Teil der Besucher meiner Workshops arbeitet als Therapeuten, Berater, Ärzte, Coaches oder Heilpraktiker. Ihnen allen gemeinsam ist, dass sie sehr eng mit Menschen arbeiten, die ihre Unterstützung benötigen.

Von einigen Ärzten, Therapeuten und Coaches, die in meine Workshops kommen, weiß ich, dass sie mit MFL ihre Arbeit verifizieren, um ggf. Nachbesserungen vornehmen zu können. Eine Heilpraktikerin beispielsweise überprüft auf diese Weise die Mittelgaben. Viele Trainer und Coaches bereiten sich, so wie ich es auch mache, mit MFL auf Kundentermine vor. Sie hinterfragen mit der Methode die ausgearbeiteten Konzepte auf ihre Tauglichkeit. Da helfen so einfache Fragen wie: Ist das Konzept zielführend? Trifft es das Thema im Ursprung? Was brauchen die Teilnehmer noch zusätzlich? Ist der zeitliche Rahmen richtig? Lassen sich die Maßnahmen in der Form umsetzen? Wenn ja, was ist unterstützend dabei? Gibt es Fallstricke zu beachten? Dient das Konzept zum Wohle aller?

Es hat sich im Lauf der Zeit eine Form entwickelt, die ich Strategietag nenne und die sich für alle Selbständigen oder die, die es werden wollen, eignet. Bei dieser Arbeit wird die gesamte Firma mittels MFL durchleuchtet, die Organisation, die Kunden, die Lieferanten, die Mitarbeiter, die Leitung, einfach alle Bereiche einer Firma. Daraus ergibt sich im Anschluss eine neue Strategie für die Zukunft oder ein neues Zusammenspiel der verschiedenen Kräfte, die manchmal sogar eine neue Ausrichtung für die Zukunft nach sich zieht. Mit Hilfe der Antworten aus dem Feld können Sie viel leichter entscheiden, wie Sie sich und Ihre Firma ausrichten, beispielsweise wenn es um Konsolidierung, Neuorganisation von Teilbereichen oder um Expansion und Neukundenakquise geht. Sollten Sie die Essenz der Gesamtbetrachtung abfragen, bekommen Sie sogar ein Motto für die anstehende Zeit.

Tom kam vor einem Jahr zu einem dieser Strategietage. Er besaß vier Firmen, die er als einziger Sohn von der Familie übernommen hatte. Gleich am Anfang stellte sich Tom durch die Antworten aus dem Feld die Frage, ob er überhaupt so weitermachen wollte. Das traf den Nagel auf den Kopf! Nur seinem Pflichtbewusstsein folgend übernahm er damals die Firmen. Er bezeichnete sich selbst eher als Tüftler denn als Produzent von Baumaterialien. Es folgte eine intensive Auseinandersetzung. Doch am Ende des Tages war Tom sicher, dass er sich von den Firmen trennen würde. Er wollte seiner Berufung folgen und lieber forschen und entwickeln. In den folgenden Monaten las er immer wieder, welche Lösungen u.a. für sich, sein Personal und seine Kunden die besten wären. Er fand schnell einen Käufer, der auch einen großen Teil seines Personals übernahm. Letztendlich war Tom nach einem Jahr frei, das zu tun, was ihm am meisten Freude bereitet.

Für Kreative

Viele kreativ arbeitende Menschen nutzen MFL für ihre Arbeit. Lucia, eine erfolgreiche Art Directorin, bringt das prägnant auf den Punkt: „Wenn ich mich mit dem Feld verbinde, ist das, als würde ich den Kopf aufmachen. Dann fließt mir alles zu. Ob es die richtigen Farben für den Kunden sind, das richtige Logo oder die gesamte Corporate Identity. Es kommt alles wie aus einem Guss. Natürlich nutze ich dabei auch meine Berufserfahrung und meine Kompetenz. Aber irgendwie geht die Arbeit in Anbindung ans Feld viel leichter, weil alles miteinander verwoben scheint.

Es entsteht ein unbeschreiblicher Fluss. Die Kunst ist nur, sich dem nicht in den Weg zu stellen und es wirklich nur fließen zu lassen. Es fällt unglaublich viel Anstrengung und Druck weg. Früher hatte ich manchmal kreative Blockaden. Die gehören seitdem der Vergangenheit an. Die wichtigste Aufgabe, die ich zu erledigen habe, ist frei und klar zu bleiben. Keinen Druck entstehen lassen, um den Fluss nicht abzuwürgen."

Viele kreativ Schaffende kennen dieses „im Fluss sein". Doch oft lässt es sich nicht auf Knopfdruck starten. Was wiederum zu Blockaden führt, die eine regelrechte Abwärtsspirale in Gang setzen können. Wer eine gute Verbindung zum morphischen Feld herstellt, kann die Blockaden, gleichgültig welcher Ausprägung, zu den Akten legen. Und sollte der kreative Prozess sich dennoch schwierig gestalten, lässt sich die Herzintegration nutzen. Doch bitte berücksichtigen Sie: Die einzige Einschränkung ist Ihr körperliches Befinden. Wer unausgeschlafen, gestresst oder körperlich geschwächt ist, kann nur sehr schwer die Verbindung zum morphischen Feld herstellen. Aber ein solches Befinden ist ohnehin keine gute Voraussetzung für einen kreativen Prozess.

Gerade bei kreativen Tätigkeiten zeigt sich, dass wir in einen Fluss kommen, wenn wir den störenden und blockierenden Teil unseres Denkens abstellen. Alle Zwänge fallen weg. Wenn Sie Künstlern zusehen, die improvisieren, wird das sehr deutlich. Alles wächst aus dem Moment heraus und ist deshalb im Fluss. Es entsteht eine unglaublich schöne Gesamtkomposition aus einem organischen Wachstum aus sich selbst heraus. Das sieht so einfach aus, und wenn der Künstler mit allen Sinnen verbunden ist, ist es für ihn sicherlich ganz einfach, solange sein Ego sich ihm nicht in den Weg stellt. Aber auch hier gilt: Wenn der kreativ Arbeitende im Alphazustand ist, kann das nicht passieren. Wer seine persönlichen Egomuster kennt und weiß, dass er keine

„gute Figur" machen muss, kann das Wunder der Kunst schaffen, das uns wiederum so ins Staunen versetzt, weil wir in diesem Innehalten völlig bei uns und eins mit allem sind.

Authentizität als Lebenshaltung

Eine der größten Kraftquellen, die uns Menschen zur Verfügung steht, ist die Authentizität. Wenn Sie nur einen kurzen Moment lang in sich hineinspüren, können Sie das bereits fühlen. Stellen Sie sich vor, Sie steigen aus all Ihren Alltagsrollen aus und sind einfach nur noch Sie selbst. Herrlich, oder? Zu Beginn meiner Kurse fordere ich die Teilnehmer immer auf, von Anfang an ihre Masken und Fassaden fallenzulassen, da wir spätestens beim Lesen im morphischen Feld dahinter schauen. Anfänglich geschieht das noch zögerlich, doch im Laufe der Zeit wird jedem klar, welche Kraft allein darin steckt, der oder die zu sein, der/die man in Wahrheit ist. Keine gute Figur machen müssen, nichts vortäuschen müssen, was nicht da ist, nicht nett sein müssen, wenn man nicht will – einfach selbstbestimmt sein. Nach und nach entdecken die Teilnehmer, dass die Themen der anderen gar nicht so viel anders sind als ihre eigenen. An diesem Punkt entsteht zunächst Verständnis und in der Folge Vertrauen. Es gibt nichts und niemanden zu fürchten, auch wenn ich mich mal schwach zeige. Meines Erachtens zeugt es ja eher von sehr viel Stärke, sich anderen gegenüber schwach zu zeigen. Sie könnten jetzt anführen, wenn jeder sich so verhielte, wie er ist, gäbe es schon nach kurzer Zeit Mord und Totschlag. Keineswegs, ganz im Gegenteil. Plötzlich entstehen Verbindungen, die von Liebe getragen sind. Ist es nicht einer unserer sehnlichsten Wünsche, den anderen so zu sehen, wie er tatsächlich ist? Wenn Sie das einmal in einem geschützten Rahmen erleben können, werden

Sie nachvollziehen, wovon ich spreche. Da ist das Anderssein plötzlich keine Bedrohung mehr, weil alle aus dem Herzen heraus sprechen und handeln. Da gibt es auf einmal keinen Fremden mehr, denn alle sind auf der Herzensebene miteinander verbunden. Wie friedlich wäre die Welt, gelänge dies allen Menschen? Die Sehnsucht danach kennen wir alle.

Doch dazu müssten die Menschen lernen, nicht mehr an allem festzuhalten – nicht an den eigenen Vorstellungen, nicht an Ängsten und auch nicht an irgendwelchen Überzeugungen. Warum tun wir Menschen uns so schwer damit? Das liegt unter anderem daran, dass viele von uns Loslassen und Fallenlassen miteinander verwechseln. Die meisten denken, dass, wenn sie etwas loslassen sollen, sie alles fallen lassen müssen. Ich beschreibe es Ihnen mal bildlich: Machen Sie eine Faust, die Handfläche zeigt dabei nach oben. Das ist festhalten. Wenn Sie jetzt die Hand öffnen, liegt alles, was Sie festhalten, frei zugänglich auf Ihrer Handfläche. Die geöffnete Hand macht möglich, dass Veränderungen passieren. Manches wird gehen und anderes dazukommen. Ganz anders, wenn Ihre Handfläche nach unten zeigt. Sobald Sie die Hand öffnen, fällt alles zu Boden. Doch nicht nur das, es kann auch nichts Neues kommen, denn dafür gibt es keinen Boden als Basis. Schauen Sie es sich ruhig nochmal an. Festhalten und Loslassen oder eben Festhalten und Fallenlassen. Und schon verliert das Loslassen seinen Schrecken.

Kennen Sie Menschen, die einfach so sind, wie sie sind? Die anziehend wirken, alleine weil sie im Raum sind? Man hat nie das Gefühl, dass so jemand einem etwas vormacht. Man weiß immer genau, woran man bei so einem Menschen ist. Auch wenn der Umgang mit ihm vielleicht nicht immer einfach ist, weil ein authentischer Mensch nicht bereit ist, so zu sein, wie andere ihn haben wollen. Aber ganz ehrlich: Wer ist dazu schon auf der

Welt? Wäre dem so, würden wir immer wieder die Erwartungen und Vorstellungen der anderen enttäuschen.

Authentische Menschen tun, was sie wollen und interessieren sich nicht dafür, was andere darüber denken oder davon halten. Sie ändern kurzfristig ihre Meinung und entscheiden plötzlich anders. Sie sind eigenständig und unabhängig und wirken glaubwürdig und echt. Im Duden wird Authentizität auch mit „Echtheit, Zuverlässigkeit, Glaubwürdigkeit, Sicherheit, Verlässlichkeit, Wahrheit und Authentisch-Sein" beschrieben. Wer diese Echtheit lebt, kann sich auch um das Wohl der anderen kümmern, weil er keinen Mangel spürt, im Leben zu kurz zu kommen. Das unterscheidet einen authentischen Menschen vom Egoisten.

Die meisten Menschen wünschen sich, den anderen so zu sehen, wie er wirklich ist. Wer ist schon – mindestens tief im Inneren – an einer Show, an Masken oder der Fassade der anderen interessiert? Das zeigt sich allein in der Tatsache, dass wir immer fühlen können, wenn uns jemand echt und wahrhaftig begegnet, auch wenn uns das oft nicht bewusst ist. Unbewusst nehmen wir sehr deutlich wahr, wie echt bzw. glaubwürdig jemand ist. Stimmt dieser Eindruck dann nicht mit dem gesprochenen Wort oder dem, was wir erleben überein, beginnen wir zu zweifeln und zu misstrauen. Auch wenn wir dann nicht genau sagen können, was da am anderen nicht stimmt, bringt uns dieser leise Zweifel mindestens in Habachtstellung und der andere muss viel Überredungskunst und Argumente aufbringen, um uns zu überzeugen, falls das überhaupt noch möglich ist. Wenn wir nun alle die große Sehnsucht nach Wahrheit und Ehrlichkeit in uns tragen, kann Authentizität nicht nur eine Verhaltensweise sein. Ich behaupte, es ist eine innere Haltung. Nehmen Sie sich einen Augenblick Zeit dafür: Wie fühlt es sich an, wenn Sie jederzeit echt und authentisch sind? Bei den meisten stellt sich sofort

Entspannung ein, nach dem Motto: „Ah, wie einfach wäre unser Leben, dann gäbe es auch keine Spiele und keine Lügen mehr."

Sobald Sie Authentizität als innere Haltung kultiviert haben, sind alle Ihre Gedanken, Worte und Taten davon durchdrungen. Sie müssen gar nicht mehr darüber nachdenken, ob Sie gerade authentisch sind. Sie sind es und Sie können nicht mehr anders, zur eigenen großen Freude und zu der Ihrer Mitmenschen.

Der Weg dorthin ist ganz einfach. Das haben Sie gerade in diesem Buch gelesen. Mit MFL kommen Sie unweigerlich zu Ihrer Wahrheit und damit sind Sie auch schon authentisch. Sie werden fühlen können, was Sie sich damit antun, wenn Sie sich verbiegen oder nicht mehr Sie selbst sein können. Das Schöne an dem Ganzen ist, dass Sie auf Ihrem Weg sehr viel Spaß haben werden. Lesen macht Spaß! Ich weiß, ich wiederhole mich. Sie werden wundervolle Erlebnisse haben, die letztlich dazu dienen, dass Sie wieder heilen, oder anders ausgedrückt, dass Sie wieder Sie selbst und damit authentisch sind. Auch hier stellt sich wieder ein Automatismus vom Fühlen zu mehr Bewusstsein und Authentizität ein. Authentizität ist eine Lebenshaltung.

Weiterführende Literatur

Quellen- und Literaturverzeichnis

Angaangaq: Schmelzt das Eis in euren Herzen! Aufruf zu einem geistigen Klimawandel, München 2010

Becker, Klaus Jürgen: Ho'oponopono – Die Kraft der Selbstverwirklichung, Regensburg 2009

Buengner, Peter von: Physik und Traumzeit, Erstaunliche Gemeinsamkeiten von moderner Physik und Naturheilverfahren, 6. Auflage, Sauerlach 2004

Choa Kok Sui: Energetischer Selbstschutz, Psychische Immunstärke gegen bewusste und unbewusste Übergriffe, 9. Auflage, München 2003

Choa Kok Sui: Grundlagen des Pranaheilens, Koha, 11. Auflage, Burgrain 2007

Choa Kok Sui: In die Stille gehen, Koha, 2. Auflage, Burgrain 2004

Darms, Mengiarda: Die Akasha-Chronik, Liebe lässt die Seele klingen, Norderstedt 2004

Driesch, Hans: Der Mensch und die Welt, Leipzig 1928

Dürr, Hans-Peter: Warum es ums Ganze geht. Neues Denken für eine Welt im Umbruch, München 2009

Dürr, Hans-Peter: Geist, Kosmos und Physik, Amerang 2010

Gurwitsch, Alexander: Morphologie und Biologie der Zelle, G. Fischer, Jena 1904

Harner, Michael: Der Weg des Schamanen, Das praktische Grundlagenbuch zum Schamanismus, München 2007

Jung, C.G.: Die Beziehungen zwischen dem Ich und dem Unbewussten, 10. Auflage, München 2007

King, Serge Kahili: Der Stadt-Schamane, Stuttgart 2001

Linke, Uwe: Die Psychologie des Wohnens – Vom Glück, sich ein authentisches Zuhause zu schaffen, München 2010

Ludwiger, Illobrand von: Das neue Weltbild des Physikers Burkhard Heim, München 2006

Ludwiger, Illobrand von: Burkhard Heim – Das Leben eines vergessenen Genies, München 2010

Melchizedek, Drunvalo: Aus den Herzen leben, 5. Auflage, Burgrain 2009

Millman, Dan: Der Pfad des friedvollen Kriegers, 18. Auflage, München 2003

Osho: Das Buch vom Ego. Von der Illusion zur Freiheit, 3. Auflage, Berlin 2007

Schneider, Jakob Robert: Das klassische Familienstellen, Grundlagen und Vorgehensweisen, Heidelberg 2006

Sheldrake, Rupert: Das Gedächtnis der Natur – Das Geheimnis der Entstehung der Formen in der Natur, 2. Auflage, München 1993

Sheldrake, Rupert: Sieben Experimente, die die Welt verändern könnten – Anstiftung zur Revolutionierung des wissenschaftlichen Denkens, Frankfurt 2005

Sheldrake, Rupert: Der siebte Sinn der Tiere, Augsburg/Bern 2006

Sheldrake, Rupert: Das schöpferische Universum, 3. komplett überarbeitete Auflage, München 2008

Sri Chinmoy: Veden, Upanishaden, Bhagavadgita. Die drei Äste am Lebensbaum Indiens, München 2007

Steiner, Marie (Hrsg.): Rudolf Steiner, Aus der Akasha-Chronik, 6. Auflage, Dornach 1986

Stelzl, Dr. Diethard: Die Entwicklung des Lichtkörpers, Darmstadt 2010

Stelzl, Dr. Diethard: Huna-Einführung, Ein Praxisbuch, Darmstadt 2010

Tributsch, Helmut: Wenn die Schlangen erwachen, München 1990

Weiss, Paul A.: Principles of development. A text of experimental embryology, New York 1969

Wettig, Jürgen: Schicksal Kindheit, Heidelberg 2009

Williamson, Marianne: Rückkehr zur Liebe. Harmonie, Lebenssinn und Glück durch „Ein Kurs in Wundern", München 1993

Tolle, Eckhart: JETZT! Die Kraft der Gegenwart, 11. Auflage, Bielefeld 2004

Webseiten und Artikel

Angaangaq: der Eskimoschamane, www.icewisdom.com

Becker, Markus: Rätselraten um den sechsten Sinn der Tiere, www.spiegel.de/wissenschaft/natur/0,1518,335583-2,00.html

Buengner, Peter von: Morphische Felder sind jetzt wissenschaftlich messbar, in: Co-Med 6/2003

Quanten Kybernetik Akademie: Das 12-Dimensionen-Modell nach Burkhart Heim, www.quantenkybernetik.eu/www.quantenkybernetik.eu/DAS_12-D_MODELL.html

Ludwiger, Illobrand von: Zum Tode des Physikers Burkhard Heim, www.heim-theory.com/downloads/nachruf.pdf

Nelson, Robert D.: Das weiße Rauschen, online: www.my-quantec.cl/de/die_theorie/rauschen_gcp.php

Zeuch, Dr. Andreas: Am Rande des Chaos, Intuition als selbstorganisierende Intelligenz, www.psychophysik.com/html/re-0831-chaos.html

Über den Autor

Kurt Zyprian Hörmann, Jahrgang 1962, ist selbständiger Coach und Berater mit Schwerpunkt auf den Themen Intuition und morphisches Feld. Seine fachliche Kompetenz wird ergänzt durch seine Ausbildungen in körperorientierter Psychotherapie, Focusing, Inner Voice Dialogue, Prana-Heilung, Core Dynamics Coaching, Systemischer Arbeit und Familienstellen. Mit der Entwicklung von MFL (Morphisches Feld Lesen) schuf er eine Methode, die jeder nutzen kann, um Informationen intuitiv und sicher aus dem morphischen Feld abzurufen. Damit erwarb er sich Expertenstatus und ist seither im deutschsprachigen Raum der führende Spezialist auf diesem Gebiet. Er hält zahlreiche Workshops und Vorträge im In- und Ausland zum Thema MFL.

Weitere Informationen zu seiner Arbeit, seinen Seminaren und Bestellmöglichkeit der Erdungs-CD unter:

www.MFLworld.com

Treten Sie mit dem Autor auch über facebook und twitter in Kontakt unter:

facebook.com/Kurt.Zyprian.Hoermann
und **twitter.com/MFL_Team**